目からウロコのハングルシリーズ

1週間で「読める!」「書ける!」「話せる!」

ハングルドリル

改訂版

Gakken

まえがき

この本は韓国語をゆっくり少しずつ確実に学ぶ本です。スタートラインは文字（ハングル）を覚えるところに設定しました。つまりゼロからのスタートです。**韓国語をこれから始めようと思っている人、あるいは始めかけている人に読んでいただきたい**と思っています。**まったく白紙の状態から、まず文字を学び、次に文法的な特徴を知り、最後にごくごく簡単な文章を作れるようになる**。じっくりと韓国語の超基礎を学んでいく本です。

学習の方法としては、何よりも「書く」ことを重視しました。語学の学習には「話す」「聞く」「読む」「書く」とさまざまな要素の習得が必要ですが、僕はその中でも「書く」ことこそがペラペラへの第１歩だと信じています。何度も何度も書くことにより、覚えるべきことを自分の中でじっくりと消化させる。その作業は語学の学習に欠かせないものです。

そのためこの本にはたくさんの書き込み欄を用意しました。でも、そこに書くだけで満足せず、ノートなりメモ帳なりにまではみだして、たっぷり書くくらいの熱意で取り組んでいただければと思います。ガシガシ書いて、韓国語を覚えましょう。

なんて具合に書くと、どこにでもある初級学習書のようですが、この本はちょっとだけ違った一面があります。基本的な部分はしっかり真面目な語学本なのですが、イタズラ好きで、楽しいこと好きの筆者（僕です）があちこちに仕掛けを施しました。クスッと笑えるジョークのような練習問題があったり、これが本当に語学本なのかと疑いたくなるようなマヌケな例文があったり。**「書く」ことを重視した本ですが、それよりももっと大事な「楽しむ」ことを追求した本でもあります。語学の勉強は楽しんでやるもの。肩の力を抜いて、遊び半分くらいの気持ちで手にとっていただければ幸いです。**

なお、この本は2005年に発売された旧版から、時代の変化を踏まえて修正を加えた改訂版です。一部の項目では段階を踏んで、より丁寧に学べるよう内容を追記しました。おもしろさの部分にも、よりいっそう磨きをかけた「つもり」ですので、ぜひ楽しんでください。

さあ、みなさん。韓国語で楽しく遊びますよぉ。

八田 靖史

もくじ

第3章　ハングルを使えるようになろう!

第4章　韓国語ってこんなにカンタンなんだ！①

第5章　韓国語ってこんなにカンタンなんだ！②

第6章　韓国語の超基礎はこれでおしまい！

音声について

本書での学習に使用する音声は下記の2通りの方法で聞くことができます。

① スマートフォンなどで聞く

右の QR コードをスマホなどで読み取るか、
下記の URL にアクセスしてアプリをダウンロードしてください。
ダウンロード後、アプリを立ち上げて『ハングルドリル』を選択すると、
端末に音声がダウンロードされます。

https://gakken-ep.jp/extra/myotomo/

※ iPhone からのご利用には Apple ID、Android からのご利用には Google アカウントが必要です。
アプリケーションは無料ですが、通信料は別途発生します。

② パソコンで聞く

上記の URL にアクセスし、
ページ下方の【語学・検定】から『ハングルドリル』を選択後、
MP3 形式の音声ファイルをダウンロードしてください。

※ ダウンロードできるのは、圧縮された MP3 形式の音声ファイルです。
再生するには、ファイルを解凍するソフトと、iTunes や Windows Media Player などの再生ソフトが必要です。
※ お客様のスマートフォンやパソコン等の環境により音声をダウンロード・再生できない場合、当社は責任を負いかねます。
ご理解、ご了承をいただきますよう、お願いいたします。

まずは下の文字を
なぞってください。

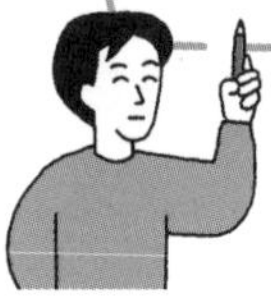

저는 한국어를 씁니다.

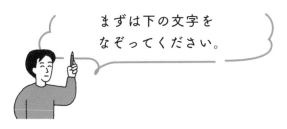

第 1 章

1 ハングルの仕組み

大まかに分けてハングルは2つの形で文字を成しています。1つは左に子音がきて右に母音がつく左右型。もう1つが上に子音がきて下に母音がつく上下型です。

【左右型】

子音	母音

【上下型】

子音
母音

例1　가（か）

これは「左右型」の文字。文字の左側に「ㄱ」という子音があり、右側に「ㅏ」という母音があります。「ㄱ」はアルファベットでいうと「k」の音、「ㅏ」は「a」の音に該当するので、「か（ka）」という音になります。

例2　구（く）

こちらは「上下型」の文字。上にある子音は例1と同じく「k」の音を表す「ㄱ」。その下の母音は「u」を表す「ㅜ」という母音です。「k」と「u」の音があわさって「く（ku）」という音になります。

試しに書いてみましょう　次の空欄を **強いやる気** とともに埋めてみてください。

韓国語を	가（か）	구（く）

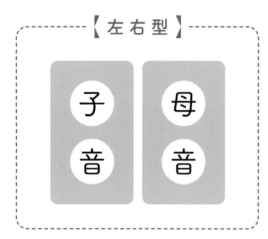

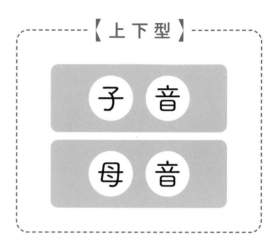

子音の「ㄱ」は単体だと「ㄱ」と直角に表記することが多いです。
本書では母音との組み合わせに近付けて、左に払う形で表記しました。

2 母音を書いてみよう

TRACK 01

韓国語には全部で21の母音があります。そのうちの10個を基本母音と呼び、残りの11個を複合母音と呼びます。複合母音については38ページ以降で勉強しますので、まずは10個の基本母音をカンペキにマスターしましょう。

すべての文字の子音部分に「ㅇ」という記号が入っていますが、これは子音のひとつで、音がないことを表すゼロのような子音です。母音だけの文字を書く際には、必ずこの「ㅇ」が入ります。

・基本母音・

この中で「아야어여이」は左右型。「오요우유으」は上下型です。母音の位置は常に同じなので、「ㅇ」の部分の子音を入れ替えれば他の文字も簡単に作ることができます。

読み	文字	説明
あ	아	日本語の「あ」と同じ。
や	야	日本語の「や」と同じ。
お	어	「あ」と「お」の中間音。口をカパッと大きく開いて「お」の音を出す。
よ	여	「や」と「よ」の中間音。口をカパッと大きく開いて「よ」の音を出す。
お	오	口を前に突き出すようにして「お」の音を出す。
よ	요	口を前に突き出すようにして「よ」の音を出す。
う	우	口を前に突き出すようにして「う」の音を出す。
ゆ	유	口を前に突き出すようにして「ゆ」の音を出す。
う	으	口を真一文字にウニッと引っ張って「う」の音を出す。
い	이	日本語の「い」と同じ。

唇を力いっぱいウニウニ動かしながら練習しましょう。
恥ずかしがらずにどんどん口を動かすのが正しい発音への近道です。

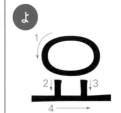

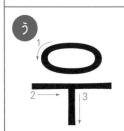

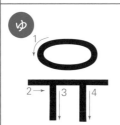

書いてみよう

母音を手がプラプラになるまで一生懸命書いてみましょう。なおこの母音の順列は、日本語の「あいうえお」に相当する決まった並びです。

あ	아	아
や	야	야
お	어	어
よ	여	여
お	오	오
よ	요	요
う	우	우
ゆ	유	유
う	으	으
い	이	이

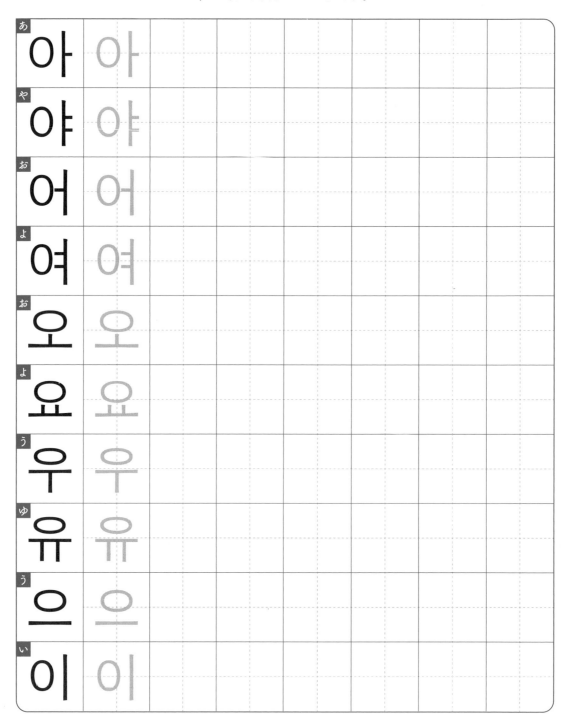

書きながら一緒に口でも発音してくださいね。
「ㅇ」は縦長、横長を気にせず、普通に丸を書くだけで大丈夫です。

練習問題 1

読んでみよう 1

答えは30ページへ

声に出して次のハングルを読んでみましょう。前ページの練習とは順番を入れ替えてみました。混乱しないように、ひとつひとつ形を確かめて読んでください。

TRACK 02

1	우	4	아	7	유	10	여
2	오	5	요	8	야		
3	이	6	어	9	으		

練習問題 2

まちがい探し 1

答えは30ページへ

母音を正しい順番通りに並べて書いてみましたが、どうやら1文字ずつ間違っているようです。正しくない順番に入ってしまった文字を書き出し、かわりに正しい文字を書いてください。

											誤	正
例	아	야	어	요	오	요	우	유	으	이	요	여
1	아	야	어	여	오	요	우	야	으	이		
2	아	야	어	여	오	요	우	유	으	여		
3	아	야	어	여	오	요	우	유	오	이		

「あ・や・お・よ・お・よ・う・ゆ・う・い」を呪文のように何度も唱え、頭に焼き付いて離れないくらいにしてください。

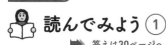

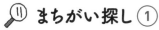

ティータイム

ハングルで「いや！」と記入しましょう。

覚えたかな？ 1

公園ではしゃぎながら遊んでいる子どもに対して、パパが疲れたからそろそろ帰ろうと言っています。これまで覚えた韓国語を駆使して、パパに対して「いや！」とハングルでセリフを記入しましょう。（注：韓国語ではもちろん「いや！」とは言いません。韓国語では「シロ！」と言うのが正しいです）

覚えたかな？ 2

母音を10個覚えただけですが、実はこれだけでも韓国語で「牛乳」という単語が書けるようになっています。せっかくのティータイムですので、筆者のほうから牛乳をごちそうすることにしましょう。パッケージから牛乳に相当する部分を見つけて丸で囲んでみましょう。

ヒント：韓国語では「ウユ」と発音します。

答えは30ページへ

スタートしていきなりの休憩ページですが、これまでに覚えたことを復習しつつ、根を詰めすぎないようにふっと力を抜くのが目的です。

3 子音を書いてみよう

TRACK 03

はい。母音を覚えたら次は子音にチャレンジです。韓国語には全部で19の子音があり、ここではまず10の基本となる子音の勉強をしたいと思います。母音も子音も数が多くて大変ですが、少しずつ書き続けることによってマスターしていってください。

子音だけでは文字にならないので、ここでは先ほど勉強した母音の「ㅏ」を書き入れておきます。

・基本子音・

母音のときに勉強した「ㅇ」の部分に子音を組み入れると、パズルのように色々な文字を作ることができます。

か　가
アルファベットの「k」の音。「a」と結びついて「か」の音になる。

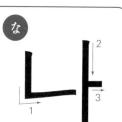

な　나
アルファベットの「n」の音。「a」と結びついて「な」の音になる。

た　다
アルファベットの「t」の音。「a」と結びついて「た」の音になる。

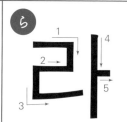

ら　라
アルファベットの「r (l)」の音。「a」と結びついて「ら」の音になる。

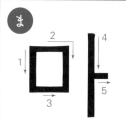

ま　마
アルファベットの「m」の音。「a」と結びついて「ま」の音になる。

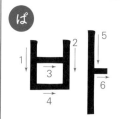

ぱ　바
アルファベットの「p」の音。「a」と結びついて「ぱ」の音になる。

さ　사
アルファベットの「s」の音。「a」と結びついて「さ」の音になる。

あ　아
「ㅇ」は音のない子音。母音のところで勉強したように「あ」の音になる。

ちゃ　자
アルファベットの「ch」の音。「a」と結びついて「ちゃ」の音になる。

は　하
アルファベットの「h」の音。「a」と結びついて「は」の音になる。

「가」をじーっと見ているとカタカナの「フ」と「ト」に見えてきます。他にも漢字の「己」に見えたり「人」に見えたり……。

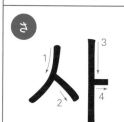

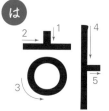

書いてみよう

子音もペンダコができるくらいたくさん書いてください。なおこの子音の順列は、日本語の「あかさたな」に相当する決まった並びです。

か	가	가
な	나	나
た	다	다
ら	라	라
ま	마	마
ぱ	바	바
さ	사	사
あ	아	아
ちゃ	자	자
は	하	하

もっともっと書きたいという人は、そのへんのメモ帳にも書いてください。欄外まではみ出して書くくらいの意気込みがあってもいいかもしれません。

練習問題 ③

読んでみよう ②

答えは30ページへ

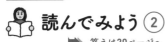

声に出して次のハングルを読んでみましょう。前ページの練習とは順番を入れ替えてみました。混乱しないように、ひとつひとつ形を確かめて読んでください。

TRACK 04

① 라　④ 마　⑦ 하　⑩ 아

② 다　⑤ 바　⑧ 가

③ 자　⑥ 나　⑨ 사

練習問題 ④

まちがい探し ②

答えは30ページへ

子音を正しい順番通りに並べて書いてみましたが、どうやら1文字ずつ間違っているようです。正しくない順番に入ってしまった文字を書き抜き、かわりに正しい文字を書いてください。

											誤	正
例	가	나	바	라	마	바	사	아	자	하	바	다
①	가	나	다	라	마	바	사	아	라	하		
②	가	사	다	라	마	바	사	아	자	하		
③	가	나	다	라	마	바	사	다	자	하		

「か・な・た・ら・ま・ぱ・さ・あ・ちゃ」の呪文も覚えましょう。
実は「は」だけはあとでちょっと順番がずれます。少々お待ちを。

4 母音と子音を組み合わせてみよう

ひと通りの基本的な母音と子音を覚えたら、今度はそれらを組み合わせていきます。といっても簡単な話なんですけどね。母音の練習をしたときにゼロ子音として入っていた「ㅇ」の場所に、別の子音を入れていくだけです。

まずはゼロ子音の「ㅇ」を、アルファベットの「k」に当たる「ㄱ」に変えてみましょう。

아	야	어	여	오	요	우	유	으	이
↓	↓	↓	↓	↓	↓	↓	↓	↓	↓
가	갸	거	겨	고	교	구	규	그	기

最初は文字のバランスをとるのに苦労するかもしれませんが、何度も書いているうちに慣れると思います。

むしろ、問題は「読み」のほうでしょうか。子音の「ㄱ（k）」と、母音の「ㅏ（あ）」の組み合わせを「가（か）」と読むのは想像できると思いますが、その次にある「ㅑ（や）」との組み合わせはどう読むと思いますか？

日本語では「や」を、子音の「y」と母音の「a」を組み合わせた音として考えますが、韓国語ではゼロ子音の「ㅇ」と、母音の「ya」を組み合わせた音と考えます。

なので、ゼロ子音の「ㅇ」を子音の「ㄱ（k）」に入れ替えた場合は……

子音「ㄱ（k）」 ＋ 母音「ㅑ（ya）」 ＝ 「갸（kya）」

はい、日本語の「きゃ」のように発音するということになります。その感覚さえつかめれば、他の文字もすんなり読めるのではないでしょうか。11ページにある母音の読み方をもう1度確認しながら、下の一覧を発音してみてください。

か	きゃ	こ	きょ	こ	きょ	く	きゅ	く	き
가	갸	거	겨	고	교	구	규	그	기

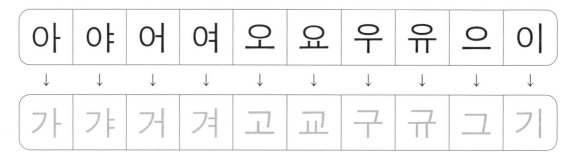

音声は他の子音とあわせて22ページにまとめました。
口を開いたり、突き出したり、ウニッと引っ張ったりするのがポイントです。

練習問題⑤

読んでみよう③

答えは30ページへ

声に出して次のハングルを読んでみましょう。前ページとは順番を入れ替えてみました。混乱しないように、ひとつひとつ形を確かめて読んでください。

TRACK 05

① 기	④ 거	⑦ 그	⑩ 갸
② 고	⑤ 교	⑧ 겨	
③ 규	⑥ 가	⑨ 구	

注意 フォントの違いに注意しよう

ハングルを印刷して表示する場合、フォント（文字のデザイン）の違いによって文字の形が少しずつ変わります。慣れないうちは違う文字に見えることもありますが、すべての文字を覚えてしまえばいずれは気にならなくなります。特徴的ないくつかをまとめますので、ざっと眺めてみてください。なお、本書では文字を重点的に学ぶ第1〜3章のうち、書き取り練習をする部分だけ手書き文字に近いものに入れ替えてあります。（親切設計！）

ㅅ	ㅅ
いちばん上でくっつくのではなく、漢字の「人」のように途中から枝わかれします。	

ㅇ	ㅇ
丸の上の点は不要です。実際に書くときは点をつけず、ただ丸のように書きます。	

ㅈ	ㅈ
1画目の横線を飛び出させるフォントもありますが、カタカナの「ス」のように書いてください。左下に払うところまでで1画です。	

ㅎ	ㅎ
1画目を横や斜めにしたフォントもありますが、縦に書いて2画目の横線とくっつけてください。下部の丸も点は不要です。	

慣れるまでは看板の飾り文字なんかも難しいんですよね。
上級者になってもクセのある手書き文字は難解だったりします。

ティータイム

覚えたかな？ 3

　ティータイムにコーヒーを飲もうと思ったら、カップの中には何も入っていなかったようです。「から！」とハングルでセリフを記入してみましょう。

ハングルで「から！」と記入してください。

答え

覚えたかな？ 4

　最初のティータイムでは牛乳でしたが、子音まで覚えたということでさらに美味しい飲み物をごちそうしたいと思います。フルーツ牛乳のひとつですが、何味の牛乳なのか当ててみてください。

　ヒント：「바나나」と書かれています。韓国語の語頭に濁音がくることはありません。日本語では濁音になる文字が半濁音になっています。

答えは30ページへ

韓国はフルーツ牛乳の豊富な国。イチゴ味も定番ですし、期間限定でいろいろなフレーバーが登場します。

5 反切表（はんせつひょう）を作ってみよう

母音と子音を覚えたら、あとは両者を組み合わせるだけです。縦が子音、横が母音の表を作ってみましたので、それぞれ埋めてみてください。

	ㅏ	ㅑ	ㅓ	ㅕ	ㅗ	ㅛ	ㅜ	ㅠ	ㅡ	ㅣ
ㄱ	가	갸	거	겨	고					
ㄴ	나									
ㄷ	다									
ㄹ	라									
ㅁ	마									
ㅂ										
ㅅ										
ㅇ										
ㅈ										
ㅎ										

ハングルの仕組みがひと目でわかるこの表のことを反切表といいます。
組み合わせでどんどん作れるのがハングルの優秀なところです。

反切表の確認

TRACK 06

きちんと埋まりましたか？　ここに正しい反切表を載せておきましたので、前ページに書き込んだものと照らし合わせてみてください。どうですか？　しっかり書けましたか？　もし間違えたところがあるようだったら、きっちりと直しておきましょう。

	ㅏ	ㅑ	ㅓ	ㅕ	ㅗ	ㅛ	ㅜ	ㅠ	ㅡ	ㅣ
ㄱ	가	갸	거	겨	고	교	구	규	그	기
ㄴ	나	냐	너	녀	노	뇨	누	뉴	느	니
ㄷ	다	댜	더	뎌	도	됴	두	듀	드	디
ㄹ	라	랴	러	려	로	료	루	류	르	리
ㅁ	마	먀	머	며	모	묘	무	뮤	므	미
ㅂ	바	뱌	버	벼	보	뵤	부	뷰	브	비
ㅅ	사	샤	서	셔	소	쇼	수	슈	스	시
ㅇ	아	야	어	여	오	요	우	유	으	이
ㅈ	자	쟈	저	져	조	죠	주	쥬	즈	지
ㅎ	하	햐	허	혀	호	효	후	휴	흐	히

実際には使わない文字も含まれているので一生懸命暗記する必要はありません。ハングルがこうしてできているという仕組みを学ぶための表です。

単語を書こう！

母音と子音の組み合わせを覚えたので、今度はそれを使っていろいろな単語を書いてみましょう。例をよく見ながら、文字ひとつひとつをしっかりと書いてください。

TRACK 07

ナラ	チュス	ピヌ	ウユ	ナム
나라	주스	비누	우유	나무
（国）	（ジュース）	（せっけん）	（牛乳）	（木）
カス	オフ	モリ	トロ	ソラ
가수	오후	머리	도로	소라
（歌手）	（午後）	（頭）	（道路）	（サザエ）

나라
주스
비누
우유
나무
가수
오후
머리
도로
소라

「トロ」が「道路」で、「ソラ」が「サザエ」。
おすしを食べに行ってこんな話をしていたらややこしいですねえ。

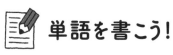

練習問題 ⑥

読んでみよう ④

答えは30ページへ

次の韓国語は日本の地名をハングルで書いたものです。ハングルを日本語に直してみてください。

例 나라	奈良
1 아오모리	
2 야마나시	
3 도야마	

練習問題 ⑦

読んでみよう ⑤

答えは30ページへ

次の韓国語は日本の名字をハングルで書いたものです。ハングルを日本語に直してみてください。

例 사노	佐野
1 이시야마	
2 니시무라	
3 야마시로	
4 아오시마	
5 히라노	

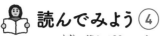

この問題を見て自分の名前を書こうと思って断念した方。
まだ紹介してない文字もあるので、もう少々お待ちください。

ティータイム

覚えたかな？ 5

韓国人の友人に好きな日本料理を尋ねたところ、次のような答えが返ってきました。彼の好きな日本料理はいったい何でしょう？（注：その料理は世界に誇る日本料理だけあって韓国でも日本語のままで通じます。韓国ではチョバプとも呼ばれます）

答え

覚えたかな？ 6

牛乳、バナナ牛乳とごちそうして3回目のティータイム。だんだんと紹介できる飲み物が増えてきてうれしい限りです。そこで今度は、こんな飲み物をご用意いたしました。ちょっぴり炭酸のきいたさわやかな味。さて、何でしょう？

ヒント：「사이다」と書かれています。下のフキダシにもさらなるヒントが！

答え

答えは30ページへ

上の写真の缶飲料は最後の「다」だけ濁音で読みます。
なぜ突然そんな読み方をするのかは次のページを見るとわかります。

濁 音 化

えーと、「韓国語をペラペラと滑らかに話すために必要な発音規則についての重要なコラム」という趣旨のページなのですが、長すぎるのでやや安直ではあるものの、「ペラペラコラム」と縮めました。いっそのこともっと縮めて**「ペラム」**とかにしようかとも思いましたが、そこまでいくとヤケクソもいいところですし、なんのことかさっぱりわからなくなるのでやめました。でも第2章からさりげなく**「ペラム」**になっているかもしれません。

という感じに、ずいぶんと軽い調子で書いているページですが、実は韓国語を学ぶ上で、**非常に重要なこと**を説明しようと思っています。単なる息抜きのページと誤解せず、じっくりとなめまわすようにして読んでください。

さて、みなさんはここまで10個の基本母音と、10個の基本子音について勉強してきました。ここでは10個の基本子音のうち、4つの基本子音だけが持つ**発音上の特徴**について説明をしたいと思います。心の準備はいいですか？　心の準備がまだだという方は、心を落ち着けるために「ペラム」と10回唱えてみてください。脱力するとともに、いい感じに肩の力も抜けることでしょう。

では登場してもらいます。特別な特徴を持つ4つの基本子音です。

ㄱ　ㄷ　ㅂ　ㅈ

大丈夫ですか？　見覚えありますよね。それぞれ「k」「t」「p」「ch」の音を表す子音ということで説明をさせていただきました。

でも、実はこの4つの子音、ある条件下ではなんと読み方が変わってしまうんです。「k」「t」「p」「ch」という音だったこれらの文字が、マジックのように

「g」「d」「b」「j」

の音に変わってしまいます。なぜ？　どうして？　と困惑しちゃいますよね。
まず、非常に重要なことですが、韓国語には濁音、半濁音という概念がありません。これまで勉強してきた基本子音（平音）に加え、この次の章で勉強する、激音(げきおん)、濃音(のうおん)という分類があるだけです。日本語のようにテンテンをつけると音が濁るというような文字の変化はありません。

では「がぎぐげご」とか、「ぱぴぷぺぽ」のような音は韓国語にないのか！？

というとそうではありません。そもそも「ぱぴぷぺぽ」は基本子音のひとつとしてすでに登場しております。「ㅂ」は「p」の音だったでしょ。そして日本語の濁音に相当する音もきちんとあります。ただ独立した文字として存在しないだけです。

はい。こんがらがってきましたよね。
わかりやすく言うと、こういうことになります。

濁音を表す文字はないが、濁音化する文字はある。

その文字というのが前のページで紹介した4つの基本子音「ㄱ」「ㄷ」「ㅂ」「ㅈ」です。この4つの子音に限り、ある条件下で濁音化して読まれることになっています。

複雑ですか？　ええ、複雑ですよね。でも、その条件というのはそんなに難しくないので安心してください。条件というのはこれだけです。

子音「ㄱ, ㄷ, ㅂ, ㅈ」が語中、語尾にあるときは濁る。

ということです。もちろんこれだけの説明ではまるで足りないので、次のページで実践しながらマスターしていきたいと思います。ペラムはまだまだ続きます。

では、まずこんな単語を紹介しましょう。韓国語で「お父さん」という意味です。

아버지

読めますか？　前ページの説明を振り返りつつ、ひとつひとつ読んでいきましょう。

まず、最初の「아」はそのまま読みます。濁る子音にあげられた4つの中に入っていませんし、そもそも語頭にくる文字は濁音化しません。問題はそのあとです。

2番目にきた文字「버」と3番目の「지」はどちらも前ページにあげた4つの子音の中に入っています。そして2番目は語中、3番目は語尾に位置しているので濁音化する条件にもぴったりと当てはまります。

さて、「p」の音は「b」に、「ch」の音は「j」に変化するんでしたよね。読み方はどうなりますか？

日本語で書くなら最初の文字は「あ」。2番目の母音は口を大きく開いた「お」で、子音が濁音化して「b」になるので「ぼ」。3番目は子音を「j」に変化させて「じ」。

あぼじ

と読むのが正しい読み方です。韓国語ではお父さんのことを「あぼじ」と呼びます。しっかり規則を追いかけられましたでしょうか。

そのうえで、ちゃぶ台をひっくり返すようなことを言いますが、発音規則とは必ずしも厳密なものではありません。語頭であっても濁った音に聞こえることはありますし、前の単語とのつながりから濁らせて発音したほうが自然なこともあります。さらには、これ以降のページで紹介する別の発音変化により、濁らせてはいけない場合も出てきます。

発音規則はほかにもたくさんありますし、例外も山ほどあったりします。最初は文字のひとつひとつを追いかけるのに大変ですが、いずれは単語ごと、フレーズごとに、馴染んだものを増やしていくのがペラペラへの近道です。規則は規則として覚えつつ、実際にはネイティブとのやり取りで、聞こえたように発音するほうがきれいな韓国語になります。発音の問題は上級者になってもついてまわるので、あまり細かくは気にせず、それでも基礎の部分はしっかりカンペキに覚えてください。では、練習問題！

練習問題 ⑧

読んでみよう ⑥

答えは30ページへ

次の単語は日本の都道府県名をハングルで書いたものです。濁音化に注意しつつ、日本語に直してみてください。

1. 시가
2. 미야기
3. 나가노
4. 지바
5. 가고시마
6. 사가

練習問題 ⑨

読んでみよう ⑦

答えは30ページへ

次の単語は日本の名字をハングルで書いたものです。濁音化に注意しつつ、日本語に直してみてください。

1. 고바야시
2. 야마다
3. 고지마
4. 나가시마

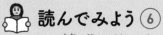

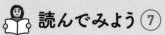

第1章【練習問題 解答】

練習問題① 読んでみよう①

（音声参照）

練習問題② まちがい探し①

①

										誤	正
아	야	어	여	오	요	우	야	으	이	야	유

②

										誤	正
아	야	어	여	오	요	우	유	으	여	여	이

③

										誤	正
아	야	어	여	오	요	우	유	오	이	오	으

ティータイム 覚えたかな？①

ティータイム 覚えたかな？②

他にもあるので
探してみてください。

練習問題③ 読んでみよう②

（音声参照）

練習問題④ まちがい探し②

①

										誤	正
가	나	다	라	마	바	사	아	라	하	라	자

②

										誤	正
가	사	다	라	마	바	사	아	자	하	사	나

③

										誤	正
가	나	다	라	마	바	사	다	자	하	다	아

練習問題⑤ 読んでみよう③

（音声参照）

ティータイム 覚えたかな？③

ティータイム 覚えたかな？④

バナナ

練習問題⑥ 読んでみよう④

① 青森　② 山梨　③ 富山

練習問題⑦ 読んでみよう⑤

① 石山　② 西村　③ 山城　④ 青島
⑤ 平野　※漢字は違ってもOKです！

ティータイム 覚えたかな？⑤

すし

ティータイム 覚えたかな？⑥

サイダー

ペラペラコラム —vol.1—

練習問題⑧ 読んでみよう⑥

① 滋賀　② 宮城　③ 長野　④ 千葉
⑤ 鹿児島　⑥ 佐賀

練習問題⑨ 読んでみよう⑦

① 小林　② 山田　③ 小島　④ 長島

※漢字は違ってもOKです！

第2章

1 激音(げきおん)・濃音(のうおん)を書いてみよう

TRACK 08

基本母音と基本子音の勉強がすべて終わりました。今度はそれらの知識をベースに、そこから派生する文字について学んでいきたいと思います。新たに登場するのは激音・濃音と呼ばれる子音。これまで覚えた10の基本子音に、激音4つ、濃音5つを加えて子音はこれで全部です！

・激音・

チャ

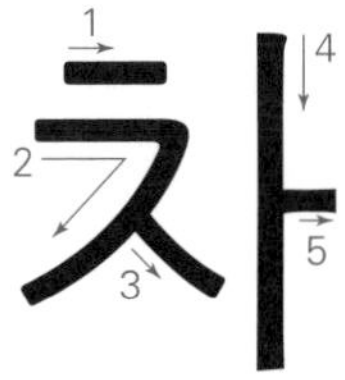

息を強く吐く「ch」の音。カタカナで書くなら「チャハッ」という感じ（実際にはハッは不要）。

カ

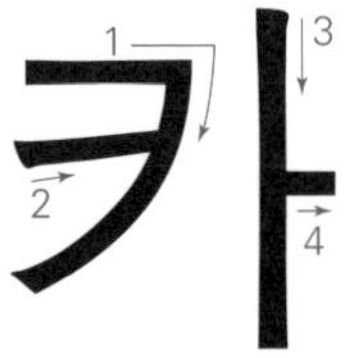

息を強く吐く「k」の音。カタカナで書くなら「カハッ」という感じ（実際にはハッは不要）。

タ

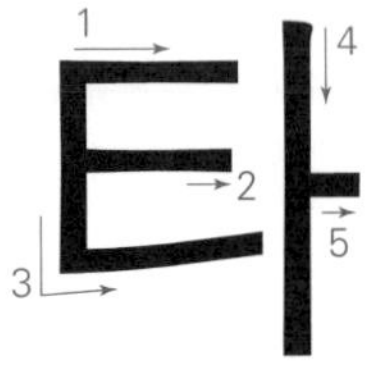

息を強く吐く「t」の音。カタカナで書くなら「タハッ」という感じ（実際にはハッは不要）。

パ

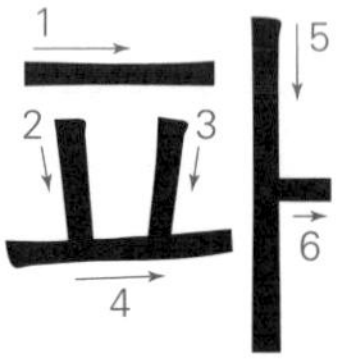

息を強く吐く「p」の音。カタカナで書くなら「パハッ」という感じ（実際にはハッは不要）。

・濃音・

ッカ

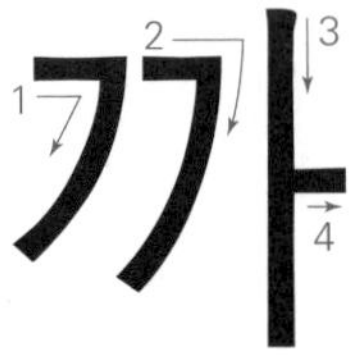

息を吐かないようにして発音する「k」の音。カタカナで書くなら「ッカ」という感じ。

ッタ

息を吐かないようにして発音する「t」の音。カタカナで書くなら「ッタ」という感じ。

ッパ

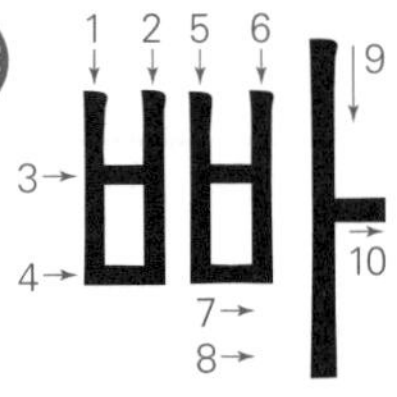

息を吐かないようにして発音する「p」の音。カタカナで書くなら「ッパ」という感じ。

ッサ

息を吐かないようにして発音する「s」の音。カタカナで書くなら「ッサ」という感じ。

ッチャ

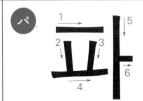

息を吐かないようにして発音する「ch」の音。カタカナで書くなら「ッチャ」という感じ。

書いてみよう

はい。これまで通り激音、濃音もしっかり練習しましょう。画数が多くなってごちゃごちゃしているので、左のマスの見本をしっかり見て書いてください。

チャ 차	차						
カ 카	카						
タ 타	타						
パ 파	파						

ッカ 까	까						
ッタ 따	따						
ッパ 빠	빠						
ッサ 싸	싸						
ッチャ 짜	짜						

激音は基本子音に線を1本足したような文字。
濃音は基本子音を2つ書いた文字と覚えれば簡単です。

反切表を作ってみよう

激音、濃音も母音との組み合わせ方は基本子音と同じです。21ページで書いた反切表をもう1度用意しましたので、激音、濃音も書き入れてみてください。

	ㅏ	ㅑ	ㅓ	ㅕ	ㅗ	ㅛ	ㅜ	ㅠ	ㅡ	ㅣ
ㅊ	차	챠	처	쳐	초					
ㅋ	카									
ㅌ	타									
ㅍ	파									
ㄲ	까									
ㄸ										
ㅃ										
ㅆ										
ㅉ										

これだけ書けば激音、濃音も目に馴染んできますね。
画数が多いので、ちょっとチカチカしてきたりもしますけど。

単語を書こう！

激音、濃音を含んだ単語をいくつか用意してみました。手がプルプルになるまでしっかり書いて練習してください。

TRACK 09

コピ	パティ	ヒトゥ	チョコ	ハプ
커피	파티	히트	초코	하프
（コーヒー）	（パーティー）	（ヒット）	（チョコ）	（ハープ）

ッコリ	ップリ	ッティ	ッシ	カッチャ
꼬리	뿌리	띠	씨	가짜
（しっぽ）	（根）	（干支）	（種）	（偽物）

커피

파티

히트

초코

하프

꼬리

뿌리

띠

씨

가짜

「커피」はコーヒーを意味しますが、「코피」は鼻血を意味します。
きちんと発音しないとカフェで鼻血好きだと思われてしまいます。

練習問題 ①

読んでみよう ①

答えは48ページへ

基本子音、激音、濃音の違いに注意しつつそれぞれを発音してみましょう。激音が存在しない場所には「―」を入れてあります。

TRACK 10

基本子音	激音	濃音	基本子音	激音	濃音
가	카	까	사	―	싸
다	타	따	자	차	짜
바	파	빠			

練習問題 ②

読んでみよう ②

答えは48ページへ

次の単語は韓国で実際に使われている外来語です。日本語の読み方とは微妙に違いますが、音は似ているので想像力を働かせて日本語に直してみてください。

TRACK 11

例	토스트	トースト
1	토마토	
2	나이프	
3	마스크	
4	스포츠	
5	티셔츠	

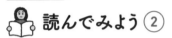

1は食べるもの、2はものを切る道具、3は顔につけるもの、4は運動のこと、5は着るものです。

ティータイム

覚えたかな？ 1

勉強に疲れたときは甘いものが恋しくなりますよね。手軽に食べられて、サクサク美味しいおやつを用意してみました。枠線で囲んだハングルで書かれたメニュー名は何でしょう？　59ページまで勉強したら、その下に書かれたトッピングも読めますが、今は無視して大丈夫です。（もし覚えていたら戻ってこよう！）

答え

覚えたかな？ 2

実際に韓国へ行くと、かわいくデザインされたハングルも多いです。慣れるまでは読むのも大変なのですが、解読できたときのうれしさはひとしお。たぶんものすごく難しいと思いますが、枠線で囲んだメニュー名は何でしょう？　読めたら拍手！　まだ読めないのが当たり前なので、悩んだら下のヒントを見てください。

答え

答えは48ページへ

2問目は「치즈토스트」と書かれています。
どんな料理か考えるとともに、写真の文字とも照らし合わせてみてください。

2 複合母音を書いてみよう

TRACK 12

基本子音に激音、濃音を追加して、子音はすべて勉強がすみました。次は基本母音が複数組み合わさったような形の複合母音を勉強してみましょう。数が多くなって混乱してくる頃ですが、あせる必要はまったくありません。ゆっくりゆっくりと覚えれば、そのうちきっとマスターできるはずです。

・複合母音・	え 애 日本語の「え」のように発音する。	いぇ 얘 日本語の「いぇ」のように発音する。	え 에 日本語の「え」のように発音する。
いぇ 예 日本語の「いぇ」のように発音する。	わ 와 日本語の「わ」のように発音する。	うぇ 왜 日本語の「うぇ」のように発音する。	うぇ 외 日本語の「うぇ」のように発音する。
うぉ 워 日本語の「うぉ」のように発音する。	うぇ 웨 日本語の「うぇ」のように発音する。	うぃ 위 日本語の「うぃ」のように発音する。「う」は口を前に突き出すようにする「우」の音。	うぃ 의 日本語の「うぃ」のように発音する。「う」は口を真一文字にウニッと引っ張った「으」の音。

「애」と「에」、「얘」と「예」、「왜」と「외」と「웨」はいずれも発音を区別する必要はありません。

書いてみよう

さて、複合母音も書いて書いて覚えることにしましょう。似たような文字が多いので、特に頑張って書いてみてください。

読み	文字	なぞり書き						
え	애	애						
いぇ	얘	얘						
え	에	에						
いぇ	예	예						
わ	와	와						
うぇ	왜	왜						
うぇ	외	외						
うぉ	워	워						
うぇ	웨	웨						
うぃ	위	위						
うぃ	의	의						

単語を書こう！

複合母音を含んだ単語を用意してみました。子音との組み合わせが変わると、また感じが違って見えると思います。仕組みは同じなのでひとつひとつ丁寧に書いてみてください。

TRACK 13

トゥェジ	ソイェ	カゲ	セウ	サグァ
돼지	서예	가게	새우	사과
（豚）	（書道）	（店）	（エビ）	（リンゴ）

トゥヌェ	ウィジャ	クィジュ	シャウォ	スウェト
두뇌	의자	퀴즈	샤워	스웨터
（頭脳）	（イス）	（クイズ）	（シャワー）	（セーター）

돼지

서예

가게

새우

사과

두뇌

의자

퀴즈

샤워

스웨터

「얘」が抜けておりますが、あまり使わないので省きました。（スペースの都合！）
頑張る人は「아이섀도（アイシャドー）」の練習をしてみてください。

練習問題 ③

読んでみよう ③

答えは48ページへ

声に出して次のハングルを読んでみましょう。練習とは順番を入れ替えてみました。混乱しないように、ひとつひとつ形を確かめて読んでください。

TRACK 14

① 에	④ 워	⑦ 와	⑩ 얘
② 왜	⑤ 예	⑧ 애	⑪ 위
③ 의	⑥ 웨	⑨ 외	

練習問題 ④

書いてみよう

答えは48ページへ

複合母音は基本母音を組み合わせることによって文字が構成されています。発音までが組み合わさっているわけではありませんが、微妙に似ているものもあります。もとの基本母音を見て、複合母音を書き込んでみてください。

① 아＋이 → 애

② 야＋이 → 얘

③ 어＋이 →

④ 여＋이 →

⑤ 오＋아 →

⑥ 오＋애 →

⑦ 오＋이 →

⑧ 우＋어 →

⑨ 우＋에 →

⑩ 우＋이 →

⑪ 으＋이 →

記号のようだったハングルがだんだん文字として見えてきます。
わかってくると親近感がわき、かわいく思えたりしますよね。

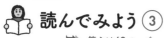

練習問題 ⑤

読んでみよう ④

答えは48ページへ

次の単語は世界の国名を正しい韓国語で書いたものです。日本語の呼び名とは微妙に異なりますが、何度も口に出して読んでみるとある程度推測できると思います。例を見ながら1度自分で書いたあと、日本語に直してみてください。また、複合母音だけでなく、激音、濁音化にも注意してください。

TRACK 15

例

우루과이	우루과이	ウルグアイ

1	노르웨이		
2	스위스		
3	체코		
4	니제르		
5	에티오피아		
6	보츠와나		
7	쿠웨이트		
8	캐나다		
9	에콰도르		
10	파라과이		

おおざっぱなヒントとして、1～3まではヨーロッパ、
4～6はアフリカ、7は中東、8～10は北・南米から選びました。

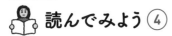

ティータイム

覚えたかな？ 3

韓国でもさまざまな果物を栽培しています。写真はリゾート地として有名な南部の済州島（チェジュド）で撮ったものです。ミカンやアップルマンゴーとともに、この果物も特産品として親しまれているのですが、いったい何でしょう？ 枠線で囲んだ部分のハングルを読んで当ててみてください。

答え

覚えたかな？ 4

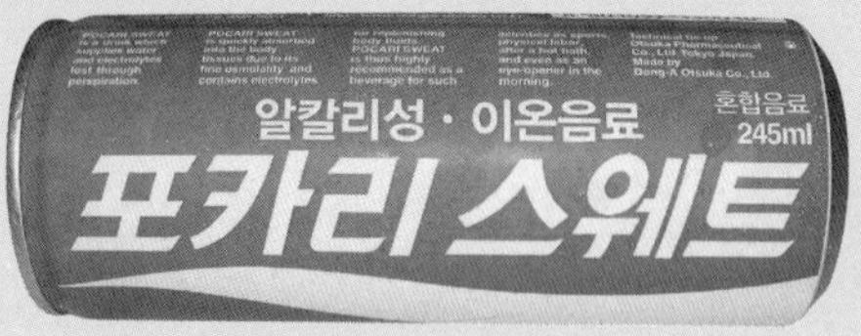

韓国のコンビニでこんな飲み物を買ってきました。日本でもお馴染みのスポーツドリンクですから、商品名が韓国語で書かれていても読めますよね。飾り文字になっているぶん少し読みにくいかもしれませんが、激音、複合母音に気を付けて1文字ずつ読み解いてみてください。

答え

答えは48ページへ

デザインが同じだと韓国語でも困ることはありません。
韓国を旅行していると、けっこう見慣れた商品を見かけますよ。

3 真の反切表を完成させます！

基本母音と複合母音、基本子音、激音、濃音をすべて組み合わせてみましょう。21、34ページで作った反切表にこれを加えて韓国語の文字は完全制覇です！　復習も兼ねて全部埋めてみてください。

	ㅏ	ㅑ	ㅓ	ㅕ	ㅗ	ㅛ	ㅜ	ㅠ	ㅡ	ㅣ
ㄱ	가	갸	거	겨	고					
ㄴ	나									
ㄷ	다									
ㄹ	라									
ㅁ	마									
ㅂ										
ㅅ										
ㅇ										
ㅈ										
ㅊ										
ㅋ										
ㅌ										
ㅍ										
ㅎ										
ㄲ										
ㄸ										
ㅃ										
ㅆ										
ㅉ										

文字の順番として、基本子音の「ㅎ」は激音のあとに続くのが一般的です。

ㅐ	ㅒ	ㅔ	ㅖ	ㅘ	ㅙ	ㅚ	ㅝ	ㅞ	ㅟ	ㅢ
개	걔	게	계	과						
내										
대										
래										
매										

文字数は多いですが、仕組みを覚えればそこまで難しくないと思います。
わからなくなったらこの表に戻ってきてください。

真の反切表を公開します！

ここに反切表の完全版を公開します。前ページに書き込んだものと照らし合わせてみてください。どうでしょう？　しっかり書けていますか？　もし間違えているところがあったら、きっちり直してカンペキにしておきましょう。

	ㅏ	ㅑ	ㅓ	ㅕ	ㅗ	ㅛ	ㅜ	ㅠ	ㅡ	ㅣ
ㄱ	가	갸	거	겨	고	교	구	규	그	기
ㄴ	나	냐	너	녀	노	뇨	누	뉴	느	니
ㄷ	다	댜	더	뎌	도	됴	두	듀	드	디
ㄹ	라	랴	러	려	로	료	루	류	르	리
ㅁ	마	먀	머	며	모	묘	무	뮤	므	미
ㅂ	바	뱌	버	벼	보	뵤	부	뷰	브	비
ㅅ	사	샤	서	셔	소	쇼	수	슈	스	시
ㅇ	아	야	어	여	오	요	우	유	으	이
ㅈ	자	쟈	저	져	조	죠	주	쥬	즈	지
ㅊ	차	챠	처	쳐	초	쵸	추	츄	츠	치
ㅋ	카	캬	커	켜	코	쿄	쿠	큐	크	키
ㅌ	타	탸	터	텨	토	툐	투	튜	트	티
ㅍ	파	퍄	퍼	펴	포	표	푸	퓨	프	피
ㅎ	하	햐	허	혀	호	효	후	휴	흐	히
ㄲ	까	꺄	꺼	껴	꼬	꾜	꾸	뀨	끄	끼
ㄸ	따	땨	떠	뗘	또	뚀	뚜	뜌	뜨	띠
ㅃ	빠	뺘	뻐	뼈	뽀	뾰	뿌	쀼	쁘	삐
ㅆ	싸	쌰	써	쎠	쏘	쑈	쑤	쓔	쓰	씨
ㅉ	짜	쨔	쩌	쪄	쪼	쬬	쭈	쮸	쯔	찌

ㅐ	ㅒ	ㅔ	ㅖ	ㅘ	ㅙ	ㅚ	ㅝ	ㅞ	ㅟ	ㅢ
개	걔	게	계	과	괘	괴	궈	궤	귀	긔
내	냬	네	녜	놔	놰	뇌	눠	눼	뉘	늬
대	댸	데	뎨	돠	돼	되	둬	뒈	뒤	듸
래	럐	레	례	롸	뢔	뢰	뤄	뤠	뤼	릐
매	먜	메	몌	뫄	뫠	뫼	뭐	뭬	뮈	믜
배	뱨	베	볘	봐	봬	뵈	붜	붸	뷔	븨
새	섀	세	셰	솨	쇄	쇠	숴	쉐	쉬	싀
애	얘	에	예	와	왜	외	워	웨	위	의
재	쟤	제	졔	좌	좨	죄	줘	줴	쥐	즤
채	챼	체	쳬	촤	쵀	최	춰	췌	취	츼
캐	컈	케	켸	콰	쾌	쾨	쿼	퀘	퀴	킈
태	턔	테	톄	톼	퇘	퇴	퉈	퉤	튀	틔
패	퍠	페	폐	퐈	퐤	푀	풔	풰	퓌	픠
해	햬	헤	혜	화	홰	회	훠	훼	휘	희
깨	꺠	께	꼐	꽈	꽤	꾀	꿔	꿰	뀌	끠
때	떄	떼	뗴	똬	뙈	뙤	뚸	뛔	뛰	띄
빼	뺴	뻬	뼤	뽜	뽸	뾔	뿨	쀄	쀠	쁴
쌔	썌	쎄	쎼	쏴	쐐	쐬	쒀	쒜	쒸	씌
째	쨰	쩨	쪠	쫘	쫴	쬐	쭤	쮀	쮜	쯰

こんなにもたくさんの文字を読めるようになったんだなぁと、
自分の努力を褒めつつ、しばし感慨に浸っちゃいましょう。

第2章【練習問題 解答】

練習問題 ❶ 読んでみよう①
(音声参照)

練習問題 ❷ 読んでみよう②
① トマト　② ナイフ　③ マスク
④ スポーツ　⑤ Tシャツ

ティータイム 覚えたかな？①
チュロス

ティータイム 覚えたかな？②
チーズトースト

練習問題 ❸ 読んでみよう③
(音声参照)

練習問題 ❹ 書いてみよう
① 아+이 ➡ 애
② 야+이 ➡ 얘
③ 어+이 ➡ 에
④ 여+이 ➡ 예
⑤ 오+아 ➡ 와
⑥ 오+애 ➡ 왜
⑦ 오+이 ➡ 외
⑧ 우+어 ➡ 워
⑨ 우+에 ➡ 웨
⑩ 우+이 ➡ 위
⑪ 으+이 ➡ 의

練習問題 ❺ 読んでみよう④
① ノルウェー
② スイス
③ チェコ
④ ニジェール
⑤ エチオピア
⑥ ボツワナ
⑦ クウェート
⑧ カナダ
⑨ エクアドル
⑩ パラグアイ

ティータイム 覚えたかな？③
キウイ

ティータイム 覚えたかな？④
ポカリスエット

第 3 章

1 パッチムを覚えよう

さて、ここからは次なる仕組みの文字を勉強します。例にあげたのは「韓国」という意味を表す2文字。1文字目が「韓」で2文字目が「国」を表す漢字語です。文字の形を、しっかりと見てくださいね。何か気付きませんか？

한　　국

じっくり見てみると、文字の構成はおかしなことになっていますが、今まで勉強してきた母音と子音に分解することができそうです。例えばこんな風に……

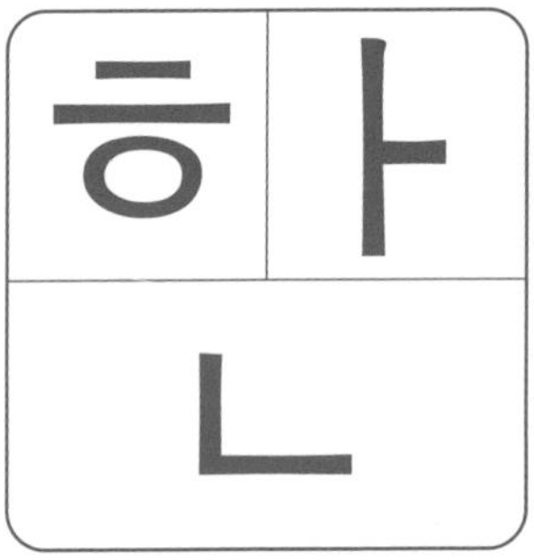

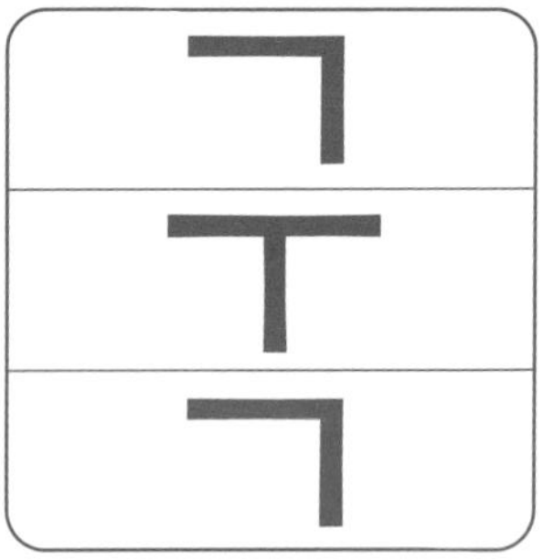

それぞれ見たことがありますよね。1文字目は子音の「ㅎ」に母音の「ㅏ」、その下にまた子音の「ㄴ」がきています。2文字目は子音の「ㄱ」に母音の「ㅜ」、その下にまた子音の「ㄱ」があります。

1文字目は左右型の文字で、2文字目は上下型の文字。そしてそれぞれの下にもうひとつ子音がくっついていると考えてください。

そしてこの下にくっついている子音を「パッチム」と呼びます。

この章ではじっくりとパッチムを勉強します。
子音で終わるってのがやっかいなんですよね。

2 パッチムを書いてみよう

TRACK 16

パッチムとは「下敷き」という意味です。韓国料理のお店でチゲなどを食べるときに、下に敷いてあるやつ、あれもパッチムと呼ばれます。なのでパッチムが上に行ったり、横に並んだりすることは絶対にありません。左右型の文字でも、上下型の文字でも常にパッチムは下にもぐり込みます。また母音がパッチムになることはなく、子音だけがパッチムになります。発音が少し難しいですが、少しずつ練習していきましょう。

・パッチムの読み方①・

「앗」「앚」「앟」は「앋」と同じ読み方をします。また、母音を表現するときにゼロ子音としてついていた「ㅇ」はパッチムになると発音が生まれるので注意してください。

文字	読み	説明
악	あく	「あ」に「k」の音を加えた音。あっかん(圧巻)の「あっ」で止める感じ。
안	あん	「あ」に「n」の音を加えた音。あんない(案内)の「あん」で止める感じ。
앋	あっ	「あ」に「t」の音を加えた音。あっとう(圧倒)の「あっ」で止める感じ。
알	ある	「あ」に「l」の音を加えた音。「ある」の「る」を完全に発音せず、舌先を上アゴにつけて止める感じ。
암	あむ	「あ」に「m」の音を加えた音。あんもく(暗黙)の「あん」で止める感じ。口は閉じた状態で発音が終わる。
압	あぷ	「あ」に「p」の音を加えた音。あっぱく(圧迫)の「あっ」で止める感じ。口は閉じた状態で発音が終わる。
앗	あっ	「앋」と同じ。
앙	あん	「あ」に「ng」の音を加えた音。あんごう(暗号)の「あん」で止める感じ。
앚	あっ	「앋」と同じ。
앟	あっ	「앋」と同じ。

何度も練習してくださいね。
口の形と舌の位置を意識しながらゆっくりと。

基本子音だけがパッチムになるわけではありません。激音、濃音なども加えて、読み方が同じものをまとめてみます。数が多くて大変ですが発音でみると7種類に分類できます。「t」になる発音が圧倒的に多いので、コツをつかめばすぐ読めるようになりますよ。

【パッチムの読み方②】

あく k	악	앜	앆				
あん n	안						
あっ t	앋	앗	앚	앛	앝	앟	았
ある l	알						
あむ m	암						
あぷ p	압	앞					
あん ng	앙						

濃音の一部がここに登場していませんが、それはパッチムになる単語が存在しないということです。

いちばん難しいのは「ㄹ」と「ㅇ」かなあ。
僕も正確にできるかと言われると、あやしいときもあります。

書いてみよう

パッチムを書いてみましょう。最初に比べてマスの中がだいぶ混雑しているように感じますが、ひとつひとつバランスに気を付けて丁寧に書いてみてください。

あく	악	악
あく	앜	앜
あく	앆	앆
あん	안	안
あっ	앋	앋
あっ	앗	앗
あっ	앚	앚
あっ	앛	앛
あっ	앝	앝
あっ	앟	앟

あっ 았	았							
ある 알	알							
あむ 암	암							
あぷ 압	압							
あぷ 앞	앞							
あん 앙	앙							

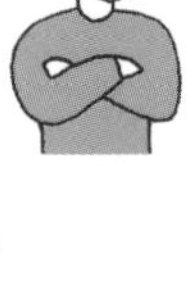

何度も言いますが頑張って丸暗記する必要はありません。
パッチムの仕組みをまず覚えていただければ十分です。

単語を書こう！

パッチムのある単語を用意してみました。どれも韓国で広く食べられている料理・食材ばかりです。こういうのが書けるようになると、ぐっとうれしさがこみ上げてきますよね。

TRACK 17

読み	単語	意味
カルビ	갈비	（カルビ）
キムチ	김치	（キムチ）
ナムル	나물	（ナムル）
サンチュ	상추	（サンチュ）
サムゲタン	삼계탕	（参鶏湯）
ネンミョン	냉면	（冷麺）
チャプチェ	잡채	（チャプチェ）
ウドン	우동	（うどん）
コムタン	곰탕	（コムタン）
パジョン	파전	（チヂミ）

갈비

김치

나물

상추

삼계탕

냉면

잡채

우동

곰탕

파전

パッチムを覚えたら、韓国語はすべて書けるようになったということ。
書ける単語がぐっと増えて、どんどん楽しくなる瞬間です。

単語を書こう!

続いて韓国のいろいろな地名を用意しました。パッチムを知ると、ソウルという首都名も日本語発音のソウルとは違うことがわかりますよね。

TRACK 18

ソウル	プサン	キョンジュ	クァンジュ	チョンジュ
서울	부산	경주	광주	전주
(ソウル)	(釜山)	(慶州)	(光州)	(全州)
インチョン	チュンチョン	スウォン	アンドン	チェジュド
인천	춘천	수원	안동	제주도
(仁川)	(春川)	(水原)	(安東)	(済州島)

서울

부산

경주

광주

전주

인천

춘천

수원

안동

제주도

ここまで覚えたら韓国のどこに行っても大丈夫。
ハングルを覚えるだけで、旅行もずいぶん違いますよ。

練習問題 ❶

読んでみよう ①

答えは70ページへ

次の文字を発音してみましょう。そして、発音ごとに下の表に分類してください。

TRACK 19

악	안	앋	알	암	압	앗	앙
앚	앛	앜	앝	앞	앟	앆	았

k								
n								
t								
l								
m								
p								
ng								

たぶん「t」を後回しにすると楽ですね。
それ以外を先に埋めていくといいと思います。

練習問題②

読んでみよう②

答えは70ページへ

次の単語は日本でもよく知られている、飲食店やコンビニエンスストアの店名です。例を見ながら1度自分で書いたあと、日本語にも直してみてください。同じ店とはいえ、発音がずいぶん違うところもあるので注意してください。

TRACK 20

例

맥도날드　맥도날드　マクドナルド

1	스타벅스커피		
2	피자헛		
3	세븐일레븐		
4	미니스톱		
5	롯데리아		

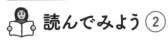

外来語の発音は日韓で大きく異なるものもあります。
なぜそんな読み方に!?と困惑するのも楽しいのです。

ティータイム

覚えたかな？ 1

ちょっと頭を休めるときに、甘いものは効果的だと言います。ちょうど季節のフルーツがいくつか手に入りました。(A)～(C)は何のフルーツでしょう？ きちんと読めた人だけにごちそうしたいと思います。

答え (A)

(B)

(C)

覚えたかな？ 2

フルーツにちなんでこんな飲み物を用意しました。紙パックに入ったジュースなのですが、いったい何のジュースでしょう？ってパッケージを見れば一目瞭然なんですけどね。南国の香り漂うこのジュース。パッケージに書かれたハングルをしっかり読んでからお召し上がりください。

答え

答えは70ページへ

同じ果物でも発音が微妙に違っておもしろいですよね。
あ、そうそう。やる気のある人は37ページに戻ってもいいですよ。

3 ダブルパッチムを書いてみよう

TRACK 21

パッチムの中には子音が重なるものがあります。「子音」＋「母音」＋「子音」という基本形のほかに、「子音」＋「母音」＋「子音」＋「子音」というイレギュラーがあることを覚えておいてください。

といっても特にややこしいことはなく、「앆」や「았」と同じように、パッチムの部分に入る文字が2つになるだけ。また重なるのは子音2つまでで、3つや4つになることはありません。まずは実際の単語を使って書いてみましょう。

イクタ **읽다** 読む	읽다		
オプタ **없다** ない、いない	없다		
サムタ **삶다** ゆでる	삶다		
クェンチャンタ **괜찮다** 大丈夫だ	괜찮다		
アンタ **앉다** 座る	앉다		
パプタ **밟다** 踏む	밟다		

なぜか語尾の「다」がすべて濁音化していません。
この不思議な現象については65ページ以降で説明します。

ダブルパッチムを読んでみよう

TRACK 22

前ページの読み仮名をみると、不思議なことに気付くと思います。単語によって前のパッチムを読んでいたり、後ろのパッチムを読んでいたりします。ダブルパッチムの読み方はいったいどういう基準で作られているのでしょう。

イㇰタ
읽다
↑
こっちは後ろの「ㄱ」を読んでいる！

オㇷ゚タ
없다
↑
こっちは前の「ㅂ」を読んでいる！

実を言うと、これはなんとも複雑なことになっています。一部のダブルパッチムは前の音を優先させる、後ろの音を優先させると決まっておりますが、中には単語によってどちらを優先させるか変わる、というものもあります。

また、単語が文章の中に組み込まれた際の変化形によって、パッチムの両方を読むという場合も出てきたりします。

例えばこんな感じに変化していきます。

イㇰタ
읽다
(読む)

イㇽゴヨ
읽어요
(読みます)

左の「읽다」は後ろのパッチム「ㄱ」だけを読み、右の「읽어요」はパッチム「ㄹ」を読んだあと、「ㄱ」の音を次の「어」と結合させて「ゴ」と読んでいます。実際の音の通りにハングルを書くのならば、「일거요」となります。

こうしたパッチムが次の母音と結合する発音変化を「連音化（リエゾン）」と呼び、韓国語を滑らかに発音する上で、非常に重要な役割を果たしています。

連音化をはじめとした発音変化については、63ページ以降にまとめてあります。まずはダブルパッチムの性質についての勉強することにしましょう。

こういう複雑なことを一生懸命暗記するのは得策ではありません。
まずは外堀だけをざっと理解し、あとの勉強とともに深めていくほうが賢いです。

ダブルパッチムのまとめ

　まとめページでいきなりスゴイことを言いますが、このダブルパッチムの読み方は眺めるだけで読み飛ばしてOKです。実際にはほとんど使わないものもあるので、出てきた単語と一緒にそれぞれ覚えていくほうが効率がいいと思います。例えば、前ページの「읽다」や「없다」は本当によく使う単語です。こうした使用頻度の多い単語とあわせて、ひとつひとつ覚えていくようにしてください。
　以下にパッチムとダブルパッチムの読み方を表にまとめました。2箇所に登場しているダブルパッチムもありますが、これは単語によって読み方が変わるものです。

【パッチムまとめ表】

k	ㄱ	ㅋ	ㄲ	ㄳ	ㄺ		
n	ㄴ	ㄵ	ㄶ				
t	ㄷ	ㅅ	ㅆ	ㅈ	ㅊ	ㅌ	ㅎ
l	ㄹ	ㄼ	ㄽ	ㄾ	ㅀ		
m	ㅁ	ㄻ					
p	ㅂ	ㅍ	ㅄ	ㄼ	ㄿ		
ng	ㅇ						

僕自身も初めて見るようなダブルパッチムがあったりします。
まとめている僕がいちばん勉強になっていたりして。

連音化

はい。またもお目見えしました。「韓国語をペラペラと滑らかに話すために必要な発音規則についての重要なコラム」。略して **「ペラム」** ……じゃなかった、「ペラペラコラム」です。第1章の濁音化に続きまして、ここでは**連音化**という発音規則について勉強したいと思います。

では、まずこんな単語を見てみましょう。

지짐이

はい。読めますか？　ここまで一生懸命やってきたみなさんなら大丈夫ですよね。最初の文字が「チ」、次の文字は濁音化するので「ジㇺ」、最後が「イ」です。つなげて発音すると「チジㇺイ」になるはずですが……ここでストップ！

「チジㇺイ」って妙に言いにくくないですか？　そもそもパッチム「ㅁ」は最後に口を閉じた状態で発音が終わる、と覚えましたよね（51ページ参照）。その状態から次の「이」を発音しようとすると「イ」にならずに「ミ」になりませんか？

この実に自然で、口の動きに従って音をつむぎだす発音変化が、連音化という法則。パッチムの後に母音がきた場合、パッチムは次のゼロ子音「ㅇ」にかわって母音と結合することになっています。

発音通りにハングルを書くとすると……

지지미

になるということです。

韓国料理のチヂミをご存知ですか？　韓国風のお好み焼きみたいなアレのことです。厳密にはチヂミは方言で、チョン（전）やプチㇺゲ（부침개）を多く使いますが、あの料理はハングルでこういう風に書くのでした。

さて、それでは連音化をさらに理解するために練習問題をやってみることにしましょう。ひとつ注意していただきたいのは連音化したときにも、濁音化の法則が働くということです。目の前の法則だけにとらわれず、ひとつひとつ積み重ねていってください。

練習問題 ③

読んでみよう ③

答えは70ページへ

連音化に注意しつつ、次の単語を発音してみてください。

TRACK 23

1. 한국어（韓国語）　ヒント：한구거
2. 일본어（日本語）　ヒント：일보너
3. 음악（音楽）　ヒント：으막
4. 연애（恋愛）　ヒント：여내
5. 졸업（卒業）　ヒント：조럽

練習問題 ④

読んでみよう ④

答えは70ページへ

連音化に注意しつつ、次の文章を発音してみてください。

TRACK 24

1. 맛있어요.（美味しいです。）　ヒント：마시써요.
2. 알아요.（わかります。）　ヒント：아라요.
3. 일본인이에요.（日本人です。）　ヒント：일보니니에요.
4. 가고 싶어요.（行きたいです。）　ヒント：가고 시퍼요.
5. 책이 있어요?（本はありますか？）　ヒント：채기 이써요?

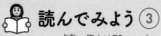

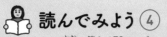

濃音化・激音化・ㅎの弱音化と無音化

さあさあ勢いにのって2回分書いちゃいますよ。ペラムが2回なので、この章だけは**ペラペラム**です！　連音化の次は**「濃音化・激音化・ㅎの弱音化と無音化」**という3つの発音規則をいっぺんに勉強します。一気にいきますよぉ。

まずは濃音化から。濃音化とはその名の通り、**基本の子音（平音）が濃音に変化する**規則のことです。例えばこんな感じ。

악기 → 악끼
（楽器）

左の黒い文字が正しいスペル。でも発音は右の赤い字のように行います。2文字目の「기」は濁音化する文字ですが、その法則が適用されず、濃音化することで「アㇰキ」という感じに発音します。

この現象が起こるパッチムと子音の組み合わせは意外に多く、「악기」のようにパッチムと次の子音が同じものもあれば、そうでないものもあるのでご注意ください。具体的には、

パッチムの音が「k」「t」「p」になる文字（52ページ参照）の次に子音「ㄱ、ㄷ、ㅂ、ㅅ、ㅈ」がくると、それぞれ「ㄲ、ㄸ、ㅃ、ㅆ、ㅉ」の音に変化する

ということです。語中、語尾にくる「ㄱ」「ㄷ」「ㅂ」「ㅈ」の子音は濁音化すると26ページで勉強しましたが、この組み合わせは例外として扱われるということで覚えてください。

なお濃音化の規則は他にもいくつかあります。全部は説明しきれないので今後勉強していく中で少しずつ覚えてください。

학교 → 학꾜(ハッキョ) (学校)	받다 → 받따(パッタ) (受ける)
잡지 → 잡찌(チャプチ) (雑誌)	습기 → 습끼(スプキ) (湿気)

はい。続きまして**激音化**のほうも勉強しちゃいます。濃音化があるなら激音化があってもいいですよね。こちらも同じく名前の通り、**平音の子音が激音に変化する**規則のことです。まずは例から見ていきましょう。

좋다 → 조타
(よい)

左の黒い文字が正しいスペル、右の赤い字が発音です。ポイントとなるのはパッチムの「ㅎ」ですね。息を強く吐く「ㅎ」が次の「ㄷ」に影響を与えて激音になるイメージです。具体的にはこんな感じ。

1. **パッチム「ㅎ(ㄶ、ㅀを含む)」の次に、子音「ㄱ、ㄷ、ㅈ」が続くと、それぞれ「ㅋ、ㅌ、ㅊ」に変化する。**
2. **パッチム「ㄱ、ㄷ、ㅂ、ㅈ」の次に、子音「ㅎ」が続くと、それぞれ「ㅋ、ㅌ、ㅍ、ㅊ」に変化する(ただし「ㅈ」が常に「ㅊ」にはならない)。**

順序問わず、この両者が続いたときに激音化すると覚えてください。最後の例外は出てきたら覚えればいいです。

싫다 → 실타(シルタ) (嫌だ)	빻다 → 빠타(ッパタ) ([粉を]ひく)
입학 → 이팍(イパク) (入学)	북한 → 부칸(プカン) (北朝鮮)

発音してみると、それぞれいい具合に音が結びついて、ラクに発音できるような気がしませんか？　頭で考えるよりも、身体で覚えるような感じで覚えてください。何度も繰り返しますが、やっかいな発音規則は理屈の丸暗記よりも具体例を感覚で身に付けていくほうが近道です。あれ？と悩んだときだけこのページに戻ってきてください。

さて、最後のひとつも一緒に覚えてしまいましょう。激音化と対照的な雰囲気の発音変化が**「ㅎ」の弱音化と無音化**です。

まず**子音「ㄴ」「ㄹ」「ㅁ」「ㅇ」に「ㅎ」が続いた場合、「ㅎ」の音はごく弱くなるか、または消えたように感じられます。**イメージとしては63ページで勉強した連音化に似ています。

例をあげるとこんな感じです。

전화 → 저놔
（電話）

「ㅎ」の音が消え、パッチムの「ㄴ」が次の母音と結合しました。パッと見ると「チョンファ」という感じに発音してしまいそうですが、実は「チョヌァ」といった感じです。

〈「ㅎ」の弱音化〉

전학（転校） → 저낙（チョナㇰ）	실험（実験） → 시럼（シロㇺ）

また、**パッチム「ㅎ（ㄶ、ㅀ）」に「ㅇ」が続くと、こちらは「ㅎ」の音がなくなってしまいます。**

〈「ㅎ」の無音化〉

좋은（よい） → 조은（チョウン）	싫어（嫌い） → 시러（シロ）

はい、それでは濃音化・激音化・「ㅎ」の弱音化と無音化について練習問題をやってみることにしましょう。ややこしい法則なので、いっぺんに丸暗記する必要はありません。何度も何度も繰り返し勉強してみてください。

練習問題⑤

読んでみよう⑤

答えは70ページへ

濃音化に注意しつつ、次の単語を発音してみてください。

TRACK 25

1. 국기（国旗）　ヒント：국끼
2. 바닷가（海辺）　ヒント：바닫까
3. 앞접시（取り皿）　ヒント：압쩝씨
4. 돌솥밥（釜飯）　ヒント：돌솓빱
5. 핫도그（アメリカンドッグ）　ヒント：핟또그

練習問題⑥

読んでみよう⑥

答えは70ページへ

激音化に注意しつつ、次の単語を発音してみてください。

TRACK 26

1. 부탁하다（頼む）　ヒント：부타카다
2. 깨끗하다（きれいだ）　ヒント：깨끄타다
3. 집합（集合）　ヒント：지팝
4. 빨갛다（赤い）　ヒント：빨가타
5. 쌓다（積む）　ヒント：싸타

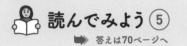

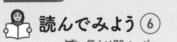

練習問題⑦

読んでみよう⑦

答えは70ページへ

「ㅎ」の弱音化と無音化に注意しつつ、次の単語を発音してみてください。

TRACK 27

1. 신호등(信号)　ヒント：시노등
2. 심하다(はなはだしい)　ヒント：시마다
3. 천천히(ゆっくりと)　ヒント：천처니
4. 좋아요(よいです)　ヒント：조아요
5. 쌓이다(積まれる)　ヒント：싸이다

練習問題⑧

読んでみよう⑧

答えは70ページへ

濃音化・激音化・「ㅎ」の弱音化と無音化に注意しつつ、次の単語を発音してみてください。

TRACK 28

1. 전화번호(電話番号)　ヒント：저놔버노
2. 못했다(できなかった)　ヒント：모탣따
3. 견학자(見学者)　ヒント：겨낙짜
4. 확실하다(確実だ)　ヒント：확씨라다
5. 합격하다(合格する)　ヒント：합껴카다

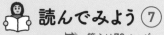

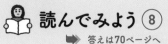

第3章 【練習問題 解答】

練習問題① 読んでみよう①
(音声参照)

k	악	앜	앆				
n	안						
t	앋	앗	앚	앛	앝	앟	았
l	알						
m	암						
p	압	앞					
ng	앙						

※順番は違ってもOKです！

練習問題② 読んでみよう②
① スターバックスコーヒー
② ピザハット
③ セブンイレブン
④ ミニストップ
⑤ ロッテリア

ティータイム 覚えたかな？①
(A) マンゴー　(B) メロン
(C) オレンジ

ティータイム 覚えたかな？②
パイナップル

37ページのトッピングは「アップルフォンデュ」と「ショコラフォンデュ」でした。

ペラペラコラム —vol.2—
練習問題③ 読んでみよう③
(音声参照)

練習問題④ 読んでみよう④
(音声参照)

ペラペラコラム —vol.3—
練習問題⑤ 読んでみよう⑤
(音声参照)

練習問題⑥ 読んでみよう⑥
(音声参照)

練習問題⑦ 読んでみよう⑦
(音声参照)

練習問題⑧ 読んでみよう⑧
(音声参照)

第 4 章

1 漢字語で韓国語はグンとラクになる

さあ、前章までで文字の勉強はおしまいです。韓国のどこへ行っても、知らない文字はない！　というのは心強いですよね。そしていよいよここからは、真の韓国語の世界へと突入していくことにしましょう。まず学ぶべきことは韓国語の仕組みを知り、日本語との共通性の多さに驚いて「楽勝じゃん！」と思うことです。

またまたぁ、と思う方もいらっしゃるかもしれませんが、これが事実なのだから仕方ありません。

論より証拠。まずはこんな例文から見てみましょう。

会社で会長と会議

いきなり早口言葉のような例文ですが、これが実に重要な意味を持っていたりします。まずは韓国語に直してみますね。

フェサエソ　フェジャンニムグァ　フェイ
회사에서 회장님과 회의

こうしてハングルがずらりとつながると、いよいよ韓国語の勉強が始まったって気がしてきますよね。ひとつ補足ですが2文字目以降の「의」は「이」と発音することが多いです。では、せっかくなので、まずは自分でも1度書いてみましょう。

書いてみて、何か気付いたことはありませんか？

会社で会長と会議。会社で会長と会議。会社で会長と会議。んんん？

意味ありげな文章になってしまいましたが、
要するに「会」の字がたくさん出てくるよね、ってことです。

それでは、ひとつひとつ読み解きつつ説明を加えていきたいと思います。まずはこの部分に着目してみてください。

회사에서 회장님과 회의

あ！　同じ文字が3つ。って気付いた方はどのくらいでしょうか。もしピンときた方がいたら、それはかなり語学センスの鋭い方です。「よくわからないけど、なんとなくこうかも」という自分なりの法則発見が語学の学習では意外に重要となります。

そして、日本語の例文に戻ると……。

会社で会長と会議

はい。ピンポーン！　もうわかりましたよね。漢字の「会」とハングルの「회」の数が同じ。そしてどちらも熟語、単語の先頭に位置しています。

余計な要素を排除すると、もっとわかりやすくなりますよ。

会社	회사
会長	회장
会議	회의

漢字の「会」はハングルで「회」。この事実にまずはビックリしてください。

現在の韓国語はハングルだけで書くことがほとんどですが、その元をたどれば漢字語である場合が非常に多いんです。日本で使っている漢字熟語をハングル読みに置き換えるだけで、通じてしまう言葉がなんと多いことか！

そしてさらに喜ばしいのが、韓国語では**漢字の読み方がほぼ1種類**であること。例外的に2種類以上ある漢字もありますが、ほとんどが1種類なので使いまわしがとても便利です。日本語だと音読み、訓読みがあるので複雑ですが、韓国語では1つ覚えればよいというシンプルさが日本語ネイティブにとって強力な武器となるのです。

ちなみに「에서」が日本語の「で」、「님」は偉い人につける敬称、
「과」は日本語の「と」に相当します。

単語を書こう！

「日本語と共通する漢字熟語が多い」、「漢字の読み方はほとんどが1種類」という喜ばしい大前提のもと、韓国語における漢字語をさらに身近なものとすべく、書き取りの練習をしましょう。

TRACK 29

会社	회사			
会長	회장			
会議	회의			

上記の書き取り練習を踏まえた上で、下の単語はどんな意味だか当ててみてください。

サフェ 사회	サジャン 사장	ウィジャン 의장

はい。わかりましたか？　答えは左から「社会」「社長」「議長」です。こういう応用ができてしまうのが韓国語と日本語のスゴイところなんですねぇ。漢字を4つ覚えただけで、これだけの単語が作れてしまうのだから、**漢字文化に感謝**しなければなりません。

せっかくなので新しい3つの単語も書き取りの練習をしてみましょう。

社会	사회			
社長	사장			
議長	의장			

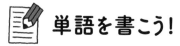

韓国語を勉強していると漢字の国に生まれてよかったなあと思います。
小学生の頃は漢字のテストの度に他の国に生まれればよかったと思いましたが。

書いてみよう

漢字のハングル表記はひとつ覚えると、さまざまな熟語に応用できます。使用頻度の高い漢字を練習してみましょう。

TRACK 30

安 안

安 全	安 心	安 寧
アン ジョン	アン シム	アン ニョン
안전	안심	안녕

空 공

空 気	空 港	空 間
コン ギ	コン ハン	コン ガン
공기	공항	공간

時 시

時 計	時 間	時 刻
シ ゲ	シ ガン	シ ガㇰ
시계	시간	시각

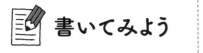

書いてみよう

初級段階では漢字の読みが、単語習得の大きな助けになります。使用頻度の高い漢字をさらに練習してみましょう。

TRACK 31

食 식

飲 食	食 堂	食 事
ウム シク	シク タン	シク サ
음식	식당	식사

学 학

学 生	大 学	化 学
ハク セン	テ ハク	ファ ハク
학생	대학	화학

物 물

動 物	生 物	物 体
トン ムル	セン ムル	ムル チェ
동물	생물	물체

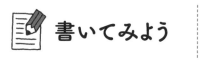

練習問題①

書けるかな？①

答えは90ページへ

次の日本語を下のヒントをもとに韓国語で書いてみてください。

❶ 会社員 ＿＿＿＿＿＿＿＿

❷ 長期間 ＿＿＿＿＿＿＿＿

❸ 国会議員 ＿＿＿＿＿＿＿＿

❹ 国際社会 ＿＿＿＿＿＿＿＿

❺ 大韓民国 ＿＿＿＿＿＿＿＿

ヒント

会（회） 社（사） 長（장） 議（의） 際（제） 員（원）

期（기） 国（국） 民（민） 大（대） 韓（한） 間（간）

練習問題②

書けるかな？②

答えは90ページへ

練習問題①で使ったヒントを参考に、赤い文字がなんという漢字なのかを書いてみてください。まだ勉強していない文字ですが漢字の知識を総動員すれば想像がつくと思います。ハングルを読んだ音の感じも参考にして下さい。

❶ 한국인

인민

인간

［　　　　］

❷ 국가

민가

가장

［　　　　］

漢字のハングル読みを覚えていくと、
知らない単語でもツギハギでどんどん文章を作れます。

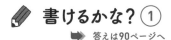

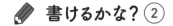

ティータイム

覚えたかな？ 1

ちょうど漢字の勉強をしたところなので、漢字の名前がつけられているお菓子を紹介したいと思います。オリオン社から発売されているロングセラー商品「情(정)」です。これは何のお菓子でしょうか？　ハングルを読めばわかりますよね。

ヒント：「초코파이」と書かれています。

答え

覚えたかな？ 2

韓国語では「茶」を「차」と書きます。では、「녹차」というお茶は次のうちどれでしょう。韓国語における漢字の読み方は、日本語の音読みと似ていることも多いというのがヒントになります。

1. 紅茶　2. 緑茶　3. 柚子茶

答え

答えは90ページへ

韓国に行ったら伝統茶店にぜひ立ち寄ってみてください。
「오미자차（五味子茶）」なんかオススメですよ。

2 日本語と韓国語は同じ語順

さて、漢字があるおかげで、韓国語がだいぶ身近に感じられてきたでしょうか。普段何気なく使っている漢字熟語が、韓国語学習においても大いに力を発揮することをよく覚えておいてください。漢字の知識がある日本語ネイティブにとっては、ハングルを漢字に置き換えるだけで難解な単語も一瞬で克服できてしまうのです。

そして、それだけでも十分喜ばしいことですが、日本語と韓国語は語順もほとんど同じなのだからたまりません。

中学校、高校で英語を勉強したときに「S+V+O」とかを一生懸命やりましたよね。主語がどうの、目的語がどうのと。あの難解さが韓国語にはありません。

例えば……そうですね。もう1度会長に登場してもらいましょうか。

今日は会社で会長と会議をします。

相変わらず早口言葉的で日本語としてはあまり自然ではありませんが、あえてもう1度この例文を使いたいと思います。日本語らしく「今日は」と「をします」をプラスしました。これを韓国語に直してみたいと思います。

オヌルン	フェサエソ	フェジャンニムグァ	フェイルル	ハムニダ
오늘은	회사에서	회장님과	회의를	합니다.

「합니다」のパッチム「ㅂ」は発音変化のため「ㅁ」の音になります。詳細は86ページ。

注意 ここは日本語とはちょっと違う！

1 韓国語は分かち書きをします。単語と単語の間にスペースがあり、どこを区切るかもきちんと決められています。区切り方を間違えても意味は通じますが、意味が変わってしまう場合もあるので注意してください。

2 日本語では句読点を用いますが、韓国語ではコンマ(,)とピリオド(.)を使用します。疑問文の文末にクエスチョンマーク(?)を使用するなど、このあたりは英語とよく似ています。

ふと思いましたが、会長と会議ってことは相当偉い人ですよね。
この例文をしゃべっている人は社長さんか何かでしょうか……。

さて、語順の共通性を学ぶために、まずは例文を単語ごとに細かく分解しましょう。

오늘은 회사에서 회장님과 회의를 합니다.

↓

오늘	은	회사	에서	회장님	과	회의	를	합니다

日本語も同じように分解し、韓国語と日本語で共通する意味の単語同士を線でつないでみてください。韓国語の単語はそれぞれの意味を下の枠内に用意してあります。ひとつひとつ韓国語と日本語を照らし合わせてみてください。

오늘	은	회사	에서	회장님	과	회의	를	합니다

今日	は	会社	で	会長	と	会議	を	します

오늘 今日 ・ 회장님 会長 ・ 합니다 します ・ 은 は

에서 で ・ 과 と ・ 회의 会議 ・ 회사 会社 ・ 를 を

はい。それでは答え合わせをしてみたいと思います。こんな感じに線が引けましたか？　見た目にも美しいまっすぐな平行線になったら大正解です。気持ちいいですよね。韓国語と日本語は、名詞、助詞レベルまで分解しても語順は一緒なのです。

〔前ページの答え〕

오늘	은	회사	에서	회장님	과	회의	를	합니다
今日	は	会社	で	会長	と	会議	を	します

韓国語で話すときも、日本語と同じ順番でいい。翻訳をするときも、頭からどんどん訳していけば、頭からスラスラと文章がつながっていきます。単語をひとつひとつ韓国語に置き換えていくだけで、正しい韓国語の文章になるのです。すごいですよねぇ。

国が隣同士だと、文化が似ているところがあるというのは、
まさにこういうことなんだと実感します。

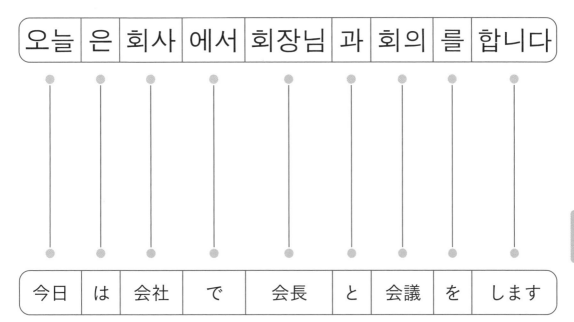

文章を書こう

例文の名詞部分をちょこちょこと入れ替えて、新しい文章を作ってみたいと思います。「今日は～をします」というシンプルな文型でも、こんなにたくさんのことが表現できるようになります。

TRACK 32

基本例文

오늘은 회사에서 회장님과 회의를 합니다.

❶ 今日は学校で先生と勉強をします。

学校 학교　先生 선생님　勉強 공부

オヌルン　ハㇰキョエソ　ソンセンニㇺグァ　コンブルㇽ　ハㇺニダ

오늘은 학교에서 선생님과 공부를 합니다.

❷ 今日は明洞で先輩と食事をします。

明洞 명동　先輩 선배님　食事 식사

オヌルン　ミョンドンエソ　ソンベニㇺグァ　シㇰサルㇽ　ハㇺニダ

오늘은 명동에서 선배님과 식사를 합니다.

韓国語で勉強は「공부」。漢字では「工夫」と書きます。
すべての漢字語が同じではないですが、納得できたりします。

練習問題③

文章を作ろう①

答えは90ページへ

下の語群を問題の空欄に当てはめ、日本語の意味に合うように文章を完成させてください。語群にある単語はそれぞれ1度ずつしか使いません。

TRACK 33

1 今日は公園で友人たちとサッカーをします。

오늘은 [　　]에서 [　　]과 [　　]를 합니다.

공원(公園)　친구들(友人たち)　축구(サッカー)

2 今日は家で子どもたちと料理をします。

오늘은 [　　]에서 [　　]과 [　　]를 합니다.

집(家)　아이들(子どもたち)　요리(料理)

練習問題④

文章を作ろう②

答えは90ページへ

下の語句を並べかえて、日本語に合う文章を作ってください。語群にある単語はそれぞれ1度ずつしか使いません。

TRACK 34

1 週末はホテルで両親と食事をします。

＿＿＿＿＿＿＿＿＿＿＿＿＿＿＿＿＿＿＿＿

주말은(週末は)　합니다.(します)　식사를(食事を)
호텔에서(ホテルで)　부모님과(両親と)

2 8月は山で友人たちとキャンプをします。

＿＿＿＿＿＿＿＿＿＿＿＿＿＿＿＿＿＿＿＿

친구들과(友人たちと)　캠프를(キャンプを)
산에서(山で)　합니다.(します)　8월은(8月は)

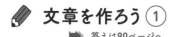

練習問題 5

短文を読む

答えは90ページへ

下の文章は筆者の1週間を書きつづったものです。下の語群を参考にしつつ文章を読んで筆者がどんな人物なのかを当ててみてください。

TRACK 35

イリョイルン　チベソ　コンブルル　ハムニダ
일요일은 집에서 공부를 합니다.

ウォリョイルン　トソグァネソ　コンブルル　ハムニダ
월요일은 도서관에서 공부를 합니다.

ファヨイルン　ハクキョエソ　コンブルル　ハムニダ
화요일은 학교에서 공부를 합니다.

スヨイルン　ハグォネソ　コンブルル　ハムニダ
수요일은 학원에서 공부를 합니다.

モギョイルン　カペエソ　コンブルル　ハムニダ
목요일은 카페에서 공부를 합니다.

クミョイルン　ホテレソ　コンブルル　ハムニダ
금요일은 호텔에서 공부를 합니다.

トヨイルン　コンウォネソ　コンブルル　ハムニダ
토요일은 공원에서 공부를 합니다.

일요일(日曜日)　집(家)　공부(勉強)　월요일(月曜日)
도서관(図書館)　화요일(火曜日)　학교(学校)　수요일(水曜日)
학원(塾)　목요일(木曜日)　카페(カフェ)　금요일(金曜日)
호텔(ホテル)　토요일(土曜日)　공원(公園)

解答欄　正解だと思うほうの数字にマルをつけてください。

1 勉強家　　2 大嘘つき

これがワタシの1週間～♪　トゥリャトゥリャトゥリャトゥリャ……♪

ティータイム

覚えたかな？ 3

筆者のプライベートなティータイム風景をイラストにしていただきました。ほっとくつろげるティータイムとはいえ、1人ではつまらないですよね。うれしそうな筆者のセリフを日本語に訳してみてください。

오늘은 카페에서
데이트를 합니다.
CAFE
OPEN

答え

____

____

覚えたかな？ 4

上のイラストでは幸せそうですが、なぜかこのあと急に雰囲気が悪くなりました。「지갑」を忘れたのが原因です。この単語は漢字で「紙匣（小さな紙の箱）」と書きます。現代では形状が異なりますが、大切なものを入れて持ち歩く「지갑」とは何でしょうか？

答え ［　　　　］

答えは90ページへ

お会計のときに「지갑」がないのに気付いたので、
笑顔で「おごって！」と言ってみたのもよくなかったようです。

鼻 音 化

さて、4回目の**「ペラム」**です。ひゃっほう！　濁音化、連音化ほかもろもろに続きまして、ここでは**鼻音化**という発音規則について勉強してみましょう。すでに79ページでもちょっとイントロのように紹介しましたが、ここで詳細に解説するのでしっかりと頭にたたき込んでくださいね。ちょっと複雑な発音規則ですが、よく使う単語を耳から覚えて丸暗記することで解決できます。まずは先ほども出てきたこれから覚えましょう。

ハムニダ
합니다

はい。注目すべきはパッチムの部分です。「ㅂ」は「p」の音を表す文字だと勉強してきたはずなのに、なぜかフリガナは「ㇺ」になっています。

実はこれこそが鼻音化の法則のひとつで、パッチム「p」の音は「m」「n」の音が次にくる場合**「m」の音に変化**するのです。

なぜそんなややこしいことを……と眉間にシワが寄る方もいるかもしれませんが、実際に発音してみるとよくわかると思います。「p」の音のままで

ハプニダ！

ってえらく発音しにくいですよね。「p」の音で終わるには、いったん口を閉じて息を止めねばならず、そこから次の「ニダ」に移行するとなんだかつっかえた感じになります。息を鼻から抜いて「ハムニダ」にしたほうが発音しやすくないですか。

この**「発音しやすいように読む」**というのが発音規則を理解する上では、重要になります。

さあ、それではいろいろな単語を例にあげつつ、実践的な部分にも踏み込んでいきますよ。

韓国語を聞いていると、語尾のあたりで「〜ムニダ」と聞こえることがありませんか？　かしこまった表現の韓国語では、この「〜ムニダ」が「です」や「ます」に当たるため、何度も何度も登場してくるのです。例えばこんな感じに。

イムニダ
입니다
です

スムニダ
습니다
です、ます

これらの語尾については106ページ以降で詳細に勉強するので、ここでは紹介だけにしておきます。今までなんとなく耳にしてきた韓国語が、こういう仕組みでできていたということをまず感じてみてください。

仕組みを覚えるためには、簡単なあいさつを覚えるといいと思います。鼻音化の発音規則を含んだ、よく使用するあいさつ言葉をいくつか並べておきます。鼻音化も含めてしっかりと覚えてくださいね。

アンニョンハシムニッカ
안녕하십니까?
こんにちは。（注：朝昼晩いつでも使える便利なあいさつ言葉）

カムサハムニダ
감사합니다.
ありがとうございます。

チュェソンハムニダ
죄송합니다.
申し訳ありません。

はい。まだまだ終わりません。鼻音化のもっとも代表的な例が語尾にも頻出する「p」の音と「m」「n」の音の結合ですが、他にもいくつかあるのです。

ただ、このあたりからはしっかり理解しようと思うと混乱しがちにもなるので、まずはこういう発音規則があるということだけ頭に入れてください。何かおかしな読み方をしているな、と思ったら**ペラムに戻って確認**する。そのくらいの気持ちで、徐々にマスターしていけばいいと思います。

さて、まずは鼻音化の法則をひと言でまとめますよ。こんな感じです。ジャン！

パッチム「k」「t」「p」の次にくる子音が「n」「m」の場合は、
パッチムがそれぞれ「ng」「n」「m」に変化する。

はい。訳がわかりません。もうちょっと賢くまとめてみたいと思います。

❶ パッチム「k」の直後に「n」か「m」が続いたら「k」の音が「ng」に変化する。
❷ パッチム「t」の直後に「n」か「m」が続いたら「t」の音が「n」に変化する。
❸ パッチム「p」の直後に「n」か「m」が続いたら「p」の音が「m」に変化する。

いくらかマシになったでしょうか。ちなみに先ほどの「〜ㇺニダ」は❸の法則に適合しているのがわかるかと思います。「p」の直後に「n」が続いて「m」になりましたよね。同じように具体例を出して説明してみましょう。

❶ 백마（白馬） → 뱅마（ペンマ）

❷ 닫는다（閉める） → 단는다（タンヌンダ）

❸ 입니다（〜です） → 임니다（イㇺニダ）

またこの発音変化は見た目の子音ではなく、実際の発音が変化をするので、62ページのパッチムまとめ表をもう1度確認しておいてください。

さて、ずいぶんややこしい発音規則でした。こういうのを学んでいると、やっぱり似ていても外国語なんだぁという気持ちになってきますよね。めげずに練習問題で、さらに鼻音化への理解を深めていくこととしましょう。

練習問題❻
読んでみよう①
答えは90ページへ

次の韓国語を鼻音化に気を付けて読んでみてください。

TRACK 36

1. 식물(植物)　ヒント：싱물
2. 십년(10年)　ヒント：심년
3. 닉네임(ニックネーム)　ヒント：닝네임
4. 걷는다(歩く)　ヒント：건는다
5. 입문서(入門書)　ヒント：임문서

練習問題❼
読んでみよう②
答えは90ページへ

次の韓国語を鼻音化に気を付けて読んでみてください。

TRACK 37

1. 볶는다(炒める)　ヒント：봉는다
2. 덧니(八重歯)　ヒント：던니
3. 앞마당(前庭)　ヒント：암마당
4. 있는(ある)　ヒント：인는
5. 없는(ない)　ヒント：엄는

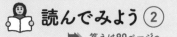

第4章【練習問題 解答】

練習問題 ① 書けるかな？①
① 회사원
② 장기간
③ 국회의원
④ 국제사회
⑤ 대한민국

練習問題 ② 書けるかな？②
① 人
② 家

ティータイム 覚えたかな？①
チョコパイ

ティータイム 覚えたかな？②
2. 緑茶
※1. 紅茶は「홍차」、3. 柚子茶は「유자차」です。

練習問題 ③ 文章を作ろう①
① 오늘은 공원에서 친구들과 축구를 합니다.
② 오늘은 집에서 아이들과 요리를 합니다.

練習問題 ④ 文章を作ろう②
① 주말은 호텔에서 부모님과 식사를 합니다.
② 8월은 산에서 친구들과 캠프를 합니다.

練習問題 ⑤ 短文を読む
誰が何と言おうと答えは①です！

ティータイム 覚えたかな？③
今日はカフェでデートをします。

ティータイム 覚えたかな？④
財布

ペラペラコラム ―vol.4―
練習問題 ⑥ 読んでみよう①
(音声参照)

練習問題 ⑦ 読んでみよう②
(音声参照)

語学の勉強はゆっくりのんびり。
つまずいたりよろけたりしながら進みましょう。

第5章

1 助詞の制覇で韓国語がサクサク読める！

第4章では「漢字語を使う」「語順が同じ」という、日本語ネイティブにとっては感動的なまでの共通性を学びました。この2つだけでも韓国語がぐぐっと身近に感じられるというのに、この章ではさらに素敵な「助詞の共通性」を紹介したいと思います。

正直なところ、いくつかの単語を助詞でつなげば、それだけでも簡単な会話は可能です。文法がよく似ているって、本当にありがたいことですよね。

さて、それでは韓国語の助詞を学ぶために、例文をひとつ紹介することにしましょう。

オヌルン	フェサエソ	フェジャンニムグァ	フェイルル	ハムニダ
오늘은	회사에서	회장님과	회의를	합니다.

って、またコレかよっ！　とツッコミを入れたアナタ。前章をきちんと勉強したということで、パチパチパチと拍手を贈ってさしあげます。前章と同じだと気付かなかったアナタ。前章をきちんと勉強したかあやしいということで、バチバチバチとビンタをみまってさしあげます。

前章と同じで芸がないという意見もあるとは思いますが、本章で勉強すべき助詞がたくさん含まれているのと、復習も兼ねるということで、まずはここから話を始めたいと思います。例文中の赤い部分、これが助詞に当たります。

というところでいきなり練習問題。

練習問題 ①

助詞の意味は？

答えは93ページへ

例文中の助詞（赤い部分）の意味を、下から選んで枠内に書き入れてください。

은		에서	
과		를	

は　で　と　を

[練習問題①の答え]

은	は	에서	で
과	と	를	を

はい、簡単でしたよね。うっかり間違えちゃったという方も、ここからしっかりまとめますのでご安心ください。まずはよく使う助詞の一覧です。

[助詞一覧]

는/은	～は	저는 (私は)
가/이	～が	아버지가 (父が)
를/을	～を	어머니를 (母を)
에	～に	회사에 (会社に)
에게	～に	학생에게 (学生に)
에서	～で、～から	공원에서 (公園で)、집에서 (家から)
와/과	～と	친구와 (友人と)
하고	～と	형하고 (兄と)
도	～も	오늘도 (今日も)
로/으로	～で、～へ	편지로 (手紙で)、부산으로 (プサンへ)
부터	～から	아침부터 (朝から)
까지	～まで	새벽까지 (明け方まで)

【　補足1　】

前ページの一覧をざっと見ると、よく似たものもいくつか含まれています。重複して使用される部分もあるので、明確な区分は難しいですがだいたいの目安をまとめてみました。

❶「와/과」と「하고」

どちらも「〜と」という並列の意味で使われます。意味に大きな違いはなく、「와/과」のほうが文章で、「하고」のほうが会話で多く使用される傾向にあります。

➡ 친구와（友人と） ➡ 친구하고（友人と）

❷「에」と「에게」

どちらも「〜に」という意味で使われます。「에」は人や動物以外のものに対して、「에게」は人や動物に対して使われます。

➡ 회사에（会社に） ➡ 학생에게（学生に）

❸「에서」と「부터」

「에서」は場所を表す場合と起点を表す場合があります。同じく「부터」も起点を表しますが、この2つには大きな違いがあります。「에서」がどこどこから、というように場所の起点を表すのに対し、「부터」はいついつから、というように時間、順序の起点を表す傾向にあります。また、その反対語となる「까지」は場所の到達点、時間、順序の到達点のどちらにも使われます。

➡ 집에서 학교까지（家から学校まで） ➡ 1월부터 3월까지（1月から3月まで）

❹「에서」と「로/으로」

どちらも「〜で」という日本語に相当しますが、使われ方は違います。「에서」がどこどこで、というように場所を表すのに対し、「로/으로」はなになにで、というように手段を表すのに使われます。

➡ 공원에서（公園で） ➡ 편지로（手紙で）

❺「에」と「로/으로」

「에」と「로/으로」も意味的に似通う部分があります。「에（〜に）」は到達点を表し、「로/으로（〜へ）」は方向を表しますが、「学校に行く」と「学校へ行く」くらいの差で、意味的に大きな違いはありません。ニュアンスが微妙に異なり、「에」が目的とする到達点を目指す言葉であるのに対し、「로/으로」はそちらのほうへ、という方向を示す場合が多いです。

➡ 바다에 가요.（海に行きます。） ➡ 바다로 가요.（海へ行きます。）

【　補足2　】

「는/은」「가/이」「를/을」「와/과」「로/으로」は、それぞれ2つともまったく同じ意味の助詞ですが**使い分けが必要**です。使い分ける基準は1点。

助詞の直前にくる単語が母音で終わる（パッチムがない）か、子音で終わる（パッチムがある）かです。母音で終われば前者、子音で終われば後者を使います。

母音で終わる	子音で終わる
チョヌン 저는 私は	ソンセンニムン 선생님은 先生は
アボジガ 아버지가 父が	サジャンニミ 사장님이 社長が
オモニルル 어머니를 母を	プモニムル 부모님을 両親を
チングワ 친구와 友人と	トンセングァ 동생과 弟と
ピョンジロ 편지로 手紙で	ヒュデポヌロ 휴대폰으로 携帯電話で

子音で終わるほうは連音化（63ページ参照）に注意してください。また「와/과」だけ母音で終わるほうに母音で始まる「와」がきて、子音で終わるほうに子音で始まる「과」がきていますが、これで正しいので混乱しないようにご注意ください。

また例外として「로/으로」だけはパッチム「ㄹ」で終わる単語は「로」がつきます。
例）　지하철로（地下鉄で）、 숯불로（炭火で）、 서울로（ソウルへ）

「동생」は便宜上「弟」としましたが、「妹」という意味にも使います。
明確に区別する場合は「남동생（弟）」「여동생（妹）」という言い方をします。

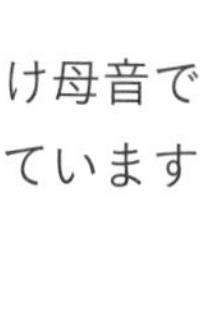

書いてみよう

助詞の練習です。これらの助詞は本当に大事なので、しっかりと覚えるようにしてください。パッチムで終わるかどうかで使い分ける助詞も要注意です。

TRACK 38

チョヌン 저는 私は		
ソンセンニムン 선생님은 先生は		
アボジガ 아버지가 父が		
サジャンニミ 사장님이 社長が		
オモニルㇽ 어머니를 母を		
プモニムㇽ 부모님을 両親を		
フェサエ 회사에 会社に		
ハㇰセンエゲ 학생에게 学生に		

コンウォネソ 공원에서 公園で		
チングワ 친구와 友人と		
トンセングァ 동생과 弟と		
ヒョンハゴ 형하고 兄と		
オヌルド 오늘도 今日も		
ピョンジロ 편지로 手紙で		
ヒュデポヌロ 휴대폰으로 携帯電話で		
アチムブト 아침부터 朝から		
セビョクカジ 새벽까지 明け方まで		

練習問題②

正しいものはどれ？①

答えは104ページへ

次のア〜エの中から助詞を正しく使えているものをそれぞれ選んでください。

❶ 会社に
ア：회사에　イ：회사가　ウ：회사이　エ：회사니

❷ 兄と
ア：형하고　イ：형이　ウ：형은　エ：형토

❸ 朝から
ア：아침부터　イ：아침에서　ウ：아침의　エ：아침카라

❹ 明け方まで
ア：새벽에　イ：새벽부터　ウ：새벽까지　エ：새벽마데

❺ 今日も
ア：오늘하고　イ：오늘도　ウ：오늘을　エ：오늘모

❻ 公園で
ア：공원으로　イ：공원에서　ウ：공원이　エ：공원데

❼ 学生に
ア：학생에　イ：학생으로　ウ：학생에게　エ：학생니

練習問題③

正しいものはどれ？②

答えは104ページへ

次の語には、直前にくる単語が母音と子音のどちらで終わるかで使い分けるべき助詞が含まれています。助詞を正しく使えているものをそれぞれ選んでください。

❶ 私は
ア：저는　イ：저은

❷ 先生は
ア：선생님는　イ：선생님은

❸ 父が
ア：아버지이　イ：아버지가

❹ 社長が
ア：사장님가　イ：사장님이

❺ 母を
ア：어머니을　イ：어머니를

❻ 両親を
ア：부모님을　イ：부모님를

❼ 友人と
ア：친구와　イ：친구과

❽ 弟と
ア：동생과　イ：동생와

❾ 手紙で
ア：편지로　イ：편지으로

❿ 携帯電話で
ア：휴대폰으로　イ：휴대폰로

練習問題②は4択問題のようで、実は３択問題になっています。選択肢「エ」は習っていない助詞ではなく、ギャグのつもりで入れてみました。

練習問題④

文章を作ろう

答えは104ページへ

下の語群と日本語を参考にしつつ、勉強した助詞を適切に組み入れて文章を作ってください。分かち書き、最後のピリオドにも注意しましょう。

TRACK 39

例 今日は友人と公園で遊びました。

오늘은 친구하고 공원에서 놀았습니다.

오늘은(今日)　친구(友人)　공원(公園)
놀았습니다.(遊びました。)

1 店は10時から5時まで営業しています。

가게(店)　10시(10時)　5시(5時)
영업합니다.(営業しています。)

※数字の読み方は103ページにまとめてあります。

2 私は学校までバスで行きます。

저(私)　학교(学校)　버스(バス)
갑니다.(行きます。)

3 先生が学生にリンゴとミカンをあげました。

선생님(先生)　학생(学生)　사과(リンゴ)　귤(ミカン)
주었습니다.(あげました。)

助詞の有効活用を考えていたら模範的な例文になってしまいました。
本当はもっとひねりたかったんですが……難しい。

2 助詞と助詞を融合させてみよう

さて、さらなる助詞の世界をのぞいてみましょう。ここでもまた、みなさんの前に大きな感動がやってくると思います。韓国語ってなんてわかりやすい言語なんだ！と大いに驚いてください。

まずはこんな例文を読んでみましょう。

ハㇰキョエソヌン　チングドゥラゴド　ハングゴロ　イヤギルㇽ　ハㇺニダ

학교에서는 친구들하고도 한국어로 이야기를 합니다.

（学校では友人たちとも韓国語で話をします。）

この段階でピーン！ときたアナタは鋭いです。後ろに出てくる2つの助詞、「로」と「를」はここでの話に関係ないのでとりあえず無視しましょう。問題は前の2つ、いや4つ？の助詞に関してです。いきますよぉ。

에서 ＋ 는 ＝ 에서는

で　　は　　では

하고 ＋ 도 ＝ 하고도

と　　も　　とも

はい！助詞の足し算完成です。

日本語で助詞をつないでいくのとまったく同じように、韓国語でも助詞をつないでいくことができます。なんだか外国語であるのが信じられないくらいですよね。

僕は英語が苦手だったので韓国語を始めました。
数学も苦手でしたが、このくらいの算数ならなんとかなります。

練習問題 5

長文を読む

答えは104ページへ

助詞に気を付けながら次の文章を読み、下の質問に○か×で答えてください。出てくる単語の意味は助詞を除き、すべて下の単語帳に提示してあります。また、この章で勉強した単語と、ハングルをしっかり読めれば想像がつくであろう外来語はノーヒントにしてあります。

TRACK 40

오늘은 친구하고 영화를 봤습니다. 저는 영화를 보면서 콜라를 마시고 팝콘하고 핫도그를 먹었습니다. 영화가 끝나고 친구하고 카페에 갔습니다. 친구는 커피를 마시고 저는 치즈케이크하고 티라미수를 먹었습니다. 카페를 나가서 시계를 보니까 5시였습니다. 제가 친구에게 저녁은 피자하고 후라이드치킨을 먹자고 하니까 친구가 아주 놀랐습니다. 왜일까요?

単語帳

영화(映画)、봤습니다(見ました)、보면서(見ながら)、마시고(飲んで)、먹었습니다(食べました)、끝나고(終わって)、갔습니다(行きました)、나가서(出て)、시계(時計)、보니까(見たら)、시(時)、였습니다(でした)、제가(私が)、저녁(夕食)、먹자고 하니까(食べようと言ったら)、아주(とても)、놀랐습니다(驚きました)、왜일까요(なんででしょうか)

ノーヒント

오늘、친구、저、콜라、팝콘、핫도그、카페、커피、치즈케이크、티라미수、피자、후라이드치킨

1. 友人と映画を観たのは今日である（　　　）
2. 私は映画を観ながらハンバーガーを食べた（　　　）
3. 映画を観たあと、2人で博物館に出かけた（　　　）
4. 私が友人に夕食にピザとフライドチキンを食べようと言った（　　　）
5. 友人が驚いたのはきっと夕食には少し時間が早かったからだ（　　　）

最後の問題はいろいろな解釈ができるかと思います。
正解はないので、みなさんのご判断で考えてみてください。

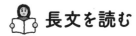

3 日本語とちょっと違うところ

共通点だけを目いっぱいアピールしてきたので、ちょっとだけ「ここは違うよ」という部分も説明しておきたいと思います。ただ、現段階で正確に違いを見極めようとすると混乱のもとなので、やっぱり違う部分もあるんだよな、くらいの気持ちで軽めに受けとめていただければと思います。この先の勉強を進めていくにつれて、徐々に違う部分を自分のものにしていってください。

❶ の → 의

だれだれの、なになにの、といったときの「の」です。意味的にはほとんど同じですが、日本語の「の」に比べて韓国語の「의」は省略されることが多いです。またハングルとして読んだ場合「의」は「ウィ」と発音しますが、助詞として使用される場合は「エ」と発音することが多いです。

日本語の本です。 ➡ 일본어 책입니다.
「일본어 (日本語)」と「책입니다 (本です)」の間に「의」は入りません。

❷ ～に会う → ～를/을 만나다

「만나다」が「会う」という動詞の基本形（辞書形）です。人のあとにつく「に」は「에게」だと勉強しましたが、後ろに「会う」という動詞がきた場合は「에게」ではなく「를/을」を使います。こういった形は他にもあり、例えば「バスに乗る → 버스를 타다」という表現があります。動詞を覚えるときには助詞にも注意し、日本語と異なる場合はセットで覚えていってください。

日本語とちょっと違うところは間違いやすいところ。
間違えて当たり前なので、むしろできたときに自分を褒めましょう。

【数の数え方】

日本語の「イチ、ニ、サン」と「ひとつ、ふたつ、みっつ」のように、韓国語にも2種類の数え方があります。時間（～分、～秒）、価格、日にち、電話番号などは数字を、時間（～時）、人数、年齢などは数え方のほうを使います。数え方は後ろに単位がつくとカッコ内の単語を使います。

TRACK 41

	数字	数え方		数字	数え方
1	イル 일	ハナ　ハン 하나(한)	11	シビル 십일	ヨラナ　ヨラン 열하나(열한)
2	イ 이	トゥル　トゥ 둘 (두)	20	イシプ 이십	スムル　スム 스물(스무)
3	サム 삼	セッ　セ 셋(세)	30	サムシプ 삼십	ソルン 서른
4	サ 사	ネッ　ネ 넷(네)	40	サシプ 사십	マフン 마흔
5	オ 오	タソッ 다섯	50	オシプ 오십	シュィン 쉰
6	ユク 육	ヨソッ 여섯	60	ユクシプ 육십	イェスン 예순
7	チル 칠	イルゴプ 일곱	70	チルシプ 칠십	イルン 일흔
8	パル 팔	ヨドル 여덟	80	パルシプ 팔십	ヨドゥン 여든
9	ク 구	アホプ 아홉	90	クシプ 구십	アフン 아흔
10	シプ 십	ヨル 열	100	ペク 백	ペク 백

第5章 【練習問題 解答】

練習問題 ① 助詞の意味は？

（本文93ページ参照）

練習問題 ② 正しいものはどれ？①

① ア：회사에
② ア：형하고
③ ア：아침부터
④ ウ：새벽까지
⑤ イ：오늘도
⑥ イ：공원에서
⑦ ウ：학생에게

練習問題 ③ 正しいものはどれ？②

① ア：저는
② イ：선생님은
③ イ：아버지가
④ イ：사장님이
⑤ イ：어머니를
⑥ ア：부모님을
⑦ ア：친구와
⑧ ア：동생과
⑨ ア：편지로
⑩ ア：휴대폰으로

練習問題 ④ 文章を作ろう

① 가게는 10시부터 5시까지 영업합니다.
② 저는 학교까지 버스로 갑니다.
③ 선생님이 학생에게 사과와(하고) 귤을 주었습니다.

練習問題 ⑤ 長文を読む

① ○
② ×
③ ×
④ ○
⑤ みなさんの判断に任せます。

［日本語訳］

今日は友人と映画を見ました。私は映画を見ながらコーラを飲んで、ポップコーンとアメリカンドッグ（またはホットドッグ）を食べました。映画が終わって友人とカフェに行きました。友人はコーヒーを飲んで、私はチーズケーキとティラミスを食べました。カフェを出て時計を見たら5時でした。私が友人に夕食はピザとフライドチキンを食べようと言ったら、友人がとても驚きました。なんででしょうか？

第6章

1 終わりよければ文章もよし！

さて、この本も最終章までやってきました。文字を勉強して、日本語との共通性を学んで、最後はいよいよ語尾表現を覚えたいと思います。どんな文章でもきちんと着地させてこそ美しく伝わるというもの。いろんなことを頭に詰め込みすぎて、脳みそが筋肉痛になっている方もいらっしゃるかもしれませんが、ラストスパートと思ってもう少々お付き合いください。

この章で勉強するのはこんな言葉たちです。じゃん！

イムニダ　　スムニダ　　ムニダ

입니다　　습니다　　ㅂ니다

見ましたか？　見るだけでなく脳裏に焼き付けるくらいの勢いでじっくりと見つめてください。何しろこの章では、この3つの言葉を覚えるだけなのです。複雑なハングルを覚えてきたみなさんにとっては楽勝ですよね。

では、いきます。最初に覚えるのはこれ！

名詞　＋　입니다.

これで「○○です。」という意味になります。これを覚えるだけでも、自己紹介などがスラスラとできるようになります。

次のページでさまざまなパターンを見ていきましょう。

大げさに書いておりますが、特に難しいことは何もありません。
楽勝気分で最初のハードル（推定10 cm）を飛び越えてください。

書いてみよう

左側の単語に「입니다」を付け加えてください。分かち書きはせず、名詞と「입니다」はつなげて書きます。最後のピリオドも忘れないようにしましょう。

TRACK 42

イルボン　サラム
일본 사람
日本人

イルボン　サラミムニダ
일본 사람입니다.
日本人です。

일본 사람입니다.

フェサウォン
회사원
会社員

フェサウォニムニダ
회사원입니다.
会社員です。

회사원입니다.

テハクセン
대학생
大学生

テハクセンイムニダ
대학생입니다.
大学生です。

대학생입니다.

練習問題 ①

自己紹介をしよう ①

答えは121ページへ

いろいろな職業の人が自己紹介をしたいと思っています。95ページで覚えた「저는（私は）」と、この章で勉強中の「〇〇입니다」を使って、自己紹介を完成させてあげてください。

TRACK 43

例

コンムウォン 공무원 公務員	チョヌン　コンムウォニムニダ 저는 공무원입니다. 私は公務員です。

① カス
가수
歌手
チョヌン　カスイムニダ
私は歌手です。

② ヨネイン
연예인
芸能人
チョヌン　ヨネイニムニダ
私は芸能人です。

③ ヨンファベウ
영화배우
映画俳優
チョヌン　ヨンファベウイムニダ
私は映画俳優です。

④ ウェギョグァン
외교관
外交官
チョヌン　ウェギョグァニムニダ
私は外交官です。

⑤ モデル
모델
モデル
チョヌン　モデリムニダ
私はモデルです。

⑥ ユテュボ
유튜버
YouTuber
チョヌン　ユテュボイムニダ
私はYouTuberです。

僕の職業はコラムニストですが、「칼럼니스트」よりも「기자（記者）」のほうが伝わりやすかったりします。場合によっては「작가（作家）」を名乗ったりも。

練習問題②

自己紹介をしよう②

答えは121ページへ

自己紹介をした人が、さらに踏み込んで自分のことを語ろうとしています。「〇〇は〇〇です」という形になるように、韓国語作文をしてみましょう。なお「〇〇は」の「は」に当たる助詞は前にくる単語によって2種類の形があります。93ページで勉強したことを思い出しつつ、助詞にも気を付けて文章を完成させてください。

TRACK 44

例

チュイミ　ウマㇰ　カㇺサン
취미（趣味）　음악 감상（音楽鑑賞）

チュイミヌン　ウマㇰ　カㇺサンイㇺニダ
취미는 음악 감상입니다.

1
イルㇺ　フグタ　サジャエ
이름（名前）　후구타 사자에（フグ田サザエ）

2
ナイ　スムㇽレサㇽ
나이（年齢）　24살（24歳）

3
チゴㇷ゚　チュブ
직업（職業）　주부（主婦）

4
コヒャン　フクオカ
고향（故郷）　후쿠오카（福岡）

5
チュイミ　カウィバウィボ
취미（趣味）　가위바위보（じゃんけん）

24は「스물네」。流音化という発音変化で「スムㇽレ」と読みます。
韓国は数え年を使うので、本来は1～2歳プラスする必要がありますね。

2 縮約形も覚えておこう！

せっかくなので「입니다」の縮約形も覚えておきましょう。「입니다」は前にくる単語の最後が母音で終わる（パッチムがない）ときだけ「ㅂ니다」と変化させることができます。最後の文字が「ㅂ」と合体して語尾を作り上げます。具体的にはこんな感じ。

サグァイムニダ
사과입니다.
リンゴです。

→

サグァムニダ
사괍니다.
リンゴです。

日本語の訳が同じになっているように、意味的には特に違いがありません。「입니다」でも、「ㅂ니다」でもどちらを使ってもかまいません。ただし、前にくる単語が子音（パッチム）で終わる場合は縮約形にできないので注意して下さい。

チャートにまとめるとこんな感じです。

名詞

↓ 母音で終わる → 입니다. or ㅂ니다.

↓ 子音で終わる → 입니다.

縮約形は主に会話で使用されます。文章では「이」を省略せずに書くことが多いです。

練習問題 ③

語尾を変える ①

答えは121ページへ

「입니다」で終わっている語尾を「ㅂ니다」の形に変えてください。

TRACK 45

① パナナイㇺニダ
바나나입니다.
バナナです。

____
バナナです。

② マンゴイㇺニダ
망고입니다.
マンゴーです。

____
マンゴーです。

③ パパヤイㇺニダ
파파야입니다.
パパイヤです。

____
パパイヤです。

練習問題 ④

語尾を変える ②

答えは121ページへ

次の単語のうち、「ㅂ니다」の形にできるものを2つ選び、下の空欄に「ㅂ니다」の形で書いてください。

TRACK 46

ペン 펜 ペン	ヨンピㇽ 연필 鉛筆	カバン 가방 かばん
シゲ 시계 時計	チェㇰサン 책상 机	ウィジャ 의자 椅子

鉛筆、時計、椅子は日本語と同じ漢字語です。机は「冊床（책상）」と書き、「冊（책）」は本、「床（상）」は机やお膳を意味します。ひとつで3単語覚えられてお得！

3 動詞も形容詞も同志

名詞につく語尾を勉強したら、次は動詞、形容詞につく語尾も勉強しましょう。それともうひとつ「ある、ない、いる、いない」などの存在を表す存在詞も、まったく同じ形で勉強することができます。いっぺんに3種類も勉強できてお得ですよね。

これもまた先ほどのチャートにまとめてみましょう。

動詞・形容詞・存在詞の語幹

↓ ↓

母音で終わる	子音で終わる（ただし「ㄹ」を除く）
↓	↓
ㅂ니다.	습니다.

はい。名詞のときから変わったのは２点。

母音で終わるほうから「입니다」が消え、子音で終わるほうが「입니다」から「습니다」に変わりました。このチャートが意味する重要な点はこれです。

動詞・形容詞・存在詞ではしっかりと区別！

名詞のときはどちらでもいいという寛大な形式でしたが、動詞・形容詞・存在詞ではこれが明確に分かれます。この事実をまずしっかり頭の中にたたき込んでください。

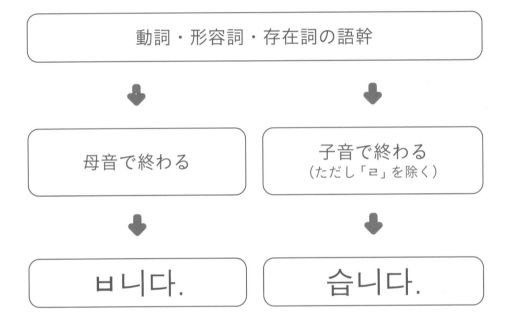

ただし「ㄹ」を除く、という部分については、
このあと117ページで説明いたします。

ここで練習に入りますが、その前にひとつ用語の説明をしておきたいと思います。前ページのチャートに出てきた「動詞・形容詞・存在詞の語幹」という部分の「語幹（ごかん）」とは何かを知っておかねばなりません。

まずは代表的な動詞・形容詞・存在詞を見ていきましょう。

カダ 가다 行く	モクタ 먹다 食べる
クダ 크다 大きい	チャクタ 작다 小さい
イッタ 있다 ある、いる	オプタ 없다 ない、いない

はい。ざっと見回してひとつの共通点に気付くと思います。それは必ず最後が「다」で終わっているということ。これはすべての動詞・形容詞・存在詞に共通する特徴です。そしてこの形を基本形、または辞書形などと表現します。いろいろ活用していくおおもとの形であり、辞書にもこの形で掲載されています。

またこの章の最初で勉強した「입니다」も基本形が活用した形のひとつです。「입니다」の基本形は「이다」。名詞について語尾を作るこの単語の品詞を指定詞と呼びます。

ここで覚えるべき語幹というのは、基本形から「다」を除いたものをいいます。語の根幹となる部分という意味で「語幹」と呼ばれています。

専門用語が並ぶとカッコいいですよね。
語学の勉強をしているって感じです。

書いてみよう

まずは語幹が母音で終わる動詞・形容詞・存在詞から練習してみましょう。存在詞は前のページの例に子音で終わるものしかなかったので、新しい単語を組み入れました。

TRACK 47

カダ 가다 行く	カムニダ 갑니다. 行きます。 갑니다.
クダ 크다 大きい	クムニダ 큽니다. 大きいです。 큽니다.
ケシダ 계시다 いらっしゃる	ケシムニダ 계십니다. いらっしゃいます。 계십니다.

書いてみよう

続いて語幹が子音で終わる動詞・形容詞・存在詞です。語幹に「습니다」を足してください。

TRACK 48

モクタ
먹다
食べる

モクスムニダ
먹습니다.
食べます。

먹습니다.

チャクタ
작다
小さい

チャクスムニダ
작습니다.
小さいです。

작습니다.

イッタ
있다
ある、いる

イッスムニダ
있습니다.
あります（います）。

있습니다.

練習問題⑤

語尾を変える③

答えは121ページへ

次の単語を語幹が母音で終わるか、子音で終わるかに注意しながら、「ㅂ니다」「습니다」の形にしてください。

TRACK 49

例	ハダ 하다 する	ハムニダ 합니다. します。
1	サダ 사다 買う	買います。
2	ピッサダ 비싸다 高い	高いです。
3	オプタ 없다 ない、いない	ありません（いません）。
4	ウッタ 웃다 笑う	笑います。
5	プルダ 부르다 歌う	歌います。
6	アルムダプタ 아름답다 美しい	美しいです。

例の「하다」は漢字熟語ともくっついてよく使います。
「감사（感謝）＋하다（する）」で「감사합니다.（ありがとうございます。）」のように。

パッチムが「ㄹ」の場合

112ページのチャートに小さく書いてあった、ただし「ㄹ」を除くという部分について説明したいと思います。これは「ㅂ니다」「습니다」という形の例外として覚えてください。

語幹が子音で終わる動詞・形容詞・存在詞には「습니다」がつきますが、パッチムが「ㄹ」の場合は「ㄹ」をとって「ㅂ니다」をつけることになっています。

具体例をあげるとこんな感じです。

サルダ 살다 住む	キルダ 길다 長い
↓	↓
サムニダ 삽니다. 住みます。	キムニダ 깁니다. 長いです。

練習問題 ⑥

語尾を変える ④

答えは121ページへ

語幹がパッチム「ㄹ」で終わる単語を集めました。「ㅂ니다」の形にしてください。

TRACK 50

例	ウルダ 울다 泣く	ウムニダ 웁니다. 泣きます。
1	タルダ 달다 甘い	______ 甘いです。
2	マンドゥルダ 만들다 作る	______ 作ります。

ややこしいですが、耳で覚えるとけっこうラクです。
ブツブツ言いながら書くと効果的かも。

練習問題 ⑦

語尾を変える ⑤

答えは121ページへ

指定する単語を使いながら、日本語に合うように文章を組み立ててみましょう。動詞・形容詞・存在詞は基本形だけが書かれているので、「ㅂ니다」「습니다」の形にしてください。思い出せない助詞は93ページへ。最後のピリオドにも気を付けてください。

TRACK 51

例 私はキムチチゲを食べます。

チョ	キムチッチゲ	モㇰタ
저	김치찌개	먹다
私	キムチチゲ	食べる

저는 김치찌개를 먹습니다.

1 今日は学校に行きます。

オヌㇽ	ハㇰキョ	カダ
오늘	학교	가다
今日	学校	行く

2 友人と公園で走ります。

チング	コンウォン	タㇽリダ
친구	공원	달리다
友人	公園	走る

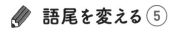

❸ 月曜日から金曜日まで働きます。

ウォリョイル	クミョイル	イラダ
월요일	금요일	일하다
月曜日	金曜日	働く

---

❹ 学生に手紙を送ります。

ハクセン	ピョンジ	ポネダ
학생	편지	보내다
学生	手紙	送る

---

❺ 私は韓国語を書きます。

チョ	ハングゴ	ッスダ
저	한국어	쓰다
私	韓国語	書く

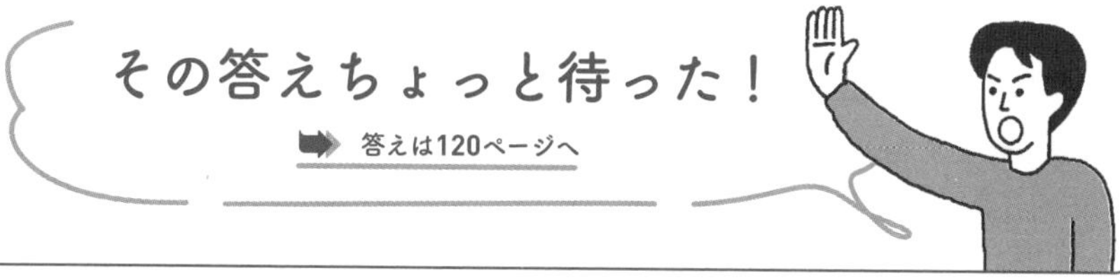
その答えちょっと待った！
答えは120ページへ

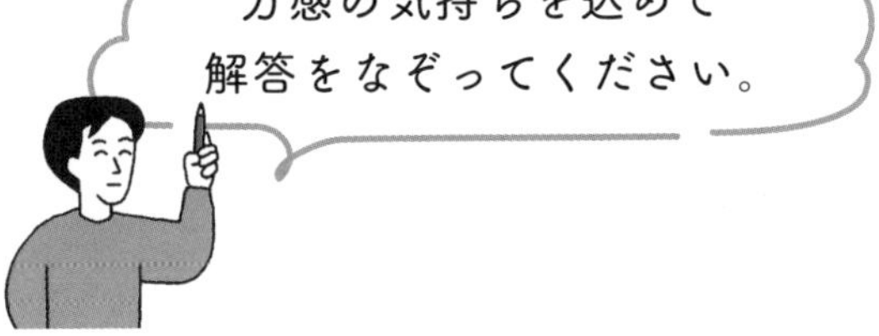
万感の気持ちを込めて
解答をなぞってください。

저는 한국어를 씁니다.

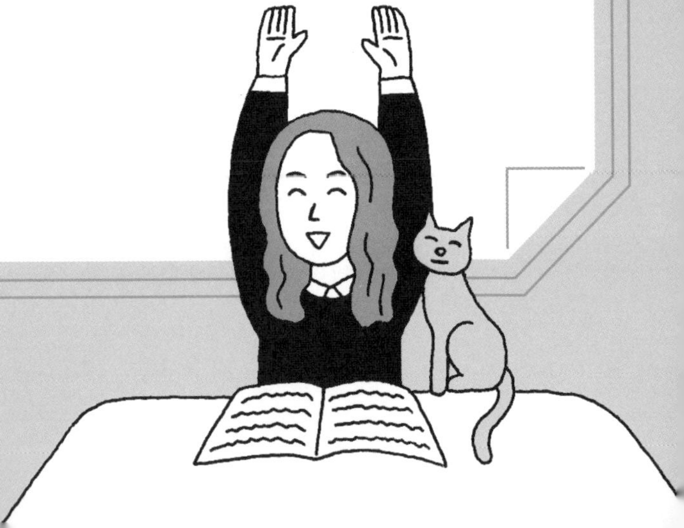

第6章【練習問題 解答】

練習問題① 自己紹介をしよう①

① 저는 가수입니다.
② 저는 연예인입니다.
③ 저는 영화배우입니다.
④ 저는 외교관입니다.
⑤ 저는 모델입니다.
⑥ 저는 유튜버입니다.

練習問題② 自己紹介をしよう②

① 이름은 후구타 사자에입니다.
② 나이는 24살입니다.
③ 직업은 주부입니다.
④ 고향은 후쿠오카입니다.
⑤ 취미는 가위바위보입니다.

練習問題③ 語尾を変える①

① 바나납니다.
② 망곱니다.
③ 파파얍니다.

練習問題④ 語尾を変える②

시곕니다.
의잡니다.

練習問題⑤ 語尾を変える③

① 삽니다.
② 비쌉니다.
③ 없습니다.
④ 웃습니다.
⑤ 부릅니다.
⑥ 아름답습니다.

練習問題⑥ 語尾を変える④

① 답니다.
② 만듭니다.

練習問題⑦ 語尾を変える⑤

① 오늘은 학교에 갑니다.
② 친구와 (하고) 공원에서 달립니다.
③ 월요일부터 금요일까지 일합니다.
④ 학생에게 편지를 보냅니다.
⑤ 120ページ参照

この本で勉強することはこれで終わりです。本当にお疲れさまでした。
万感の気持ち?ってなった人は8ページに戻ってみましょう。

今後のステップ

さて、この本で学ぶべきことは以上です。韓国語の骨格ともいうべき部分は、これですべて勉強が終わりました。もちろんここまでの勉強で韓国語がペラペラになったわけではありませんが、少しずつペラペラまでの道のりが見えてきたような感覚はあるかと思います。このまま熱意を持って勉強を続ければ、いつの日か必ず韓国語で自由に話せる日がやってきます。必ずです。

ここからのページは今後みなさんが勉強を続けていく上で必要となる、次のステップを簡単に紹介しようと用意したものです。今後も勉強を継続していくためには、疑問文や否定文、時制の変化（過去形、未来形など）を覚える必要がありますし、動詞、形容詞のさらなる活用を学んでいく必要があります。また、自分の気持ちを十分に伝えるためには、もっと豊富な語尾表現も必要になってくることでしょう。そんな中でまず重要になるのがこれです。

やわらかい敬語表現

韓国語には日本語と同様に敬語が存在します。相手によって言葉遣いを変えていくことが必要となりますが、その敬語の中にもいくつかのレベルがあると思ってください。第6章で学んだ「입니다」「습니다」「ㅂ니다」はいくらかかしこまった敬語表現。文章を書くときや、改まった席ではこの表現を使い、普段の会話ではもう1段階やわらかい敬語表現を使うことが多いです。そしてそのやわらかい敬語表現で活躍するのがこの文字です。

요

韓国ドラマ、映画などを見ると、セリフが「～ヨ」「～ヨ」と「ヨ」で終わる文章が多いのに気付くことでしょう。「입니다」「습니다」「ㅂ니다」がどれも「ㅂ니다」で終わるように、やわらかい敬語表現はどれも「요」で文章が終わります。例えば、あいさつに使われるアンニョンハセヨも、やっぱり「요」で終わっています。

안녕하세요?

この「요」で終わる表現を習得するためには、韓国語のさまざまなルールを勉強する必要があります。非常に複雑で、ざっとその一覧を見ただけでも種類の多さにげんなりしてしまうかもしれません。極端なことを言えば、この「요」で終わる語尾を作る勉強をすると、韓国語の初級はほとんど終わりだったりもするんです。そのくらい大事な表現です。

その作り方をかなり強引ですがぎゅぎゅっとまとめてみました。これまでに勉強したかしこまった敬語表現と比較しながら見ていってください。

1. 名詞の場合

【「ㅂ니다」形】

名詞＋입니다（名詞が母音で終わる場合は「ㅂ니다」でも可）

【「요」形】

名詞＋예요／이에요（名詞が母音で終わる場合は「예요」、子音で終わる場合は「이에요」）

2. 動詞・形容詞・存在詞の場合

【「ㅂ니다」形】

語幹＋ㅂ니다／습니다（語幹が母音で終わる場合は「ㅂ니다」、子音で終わる場合は「습니다」）

【「요」形】

以下のようなさまざまな形に分類される。

(a) 語幹の最後の文字にパッチムがあり、母音が「ㅏ」「ㅑ」「ㅗ」の場合

→語幹に「아요」をつける

例：잡다（つかむ） → 잡아요（つかみます）

(b) 語幹の最後の文字にパッチムがあり、母音が「ㅏ」「ㅑ」「ㅗ」以外の場合

→語幹に「어요」をつける

例：울다（泣く） → 울어요（泣きます）

(c) 語幹の最後の文字にパッチムがなく、母音が「ㅏ」「ㅓ」「ㅕ」「ㅐ」「ㅔ」の場合

→語幹に「요」をつける

例：만나다（会う） → 만나요（会います）

(d) 語幹の最後の文字にパッチムがなく、母音が「ㅗ」の場合

→語幹の最後が「子音+ㅘ요」の形になる

例：보다（見る） → 봐요（見ます）

(e) 語幹の最後の文字にパッチムがなく、母音が「ㅜ」の場合

→語幹の最後が「子音+ㅝ요」の形になる

例：바꾸다（変える） → 바꿔요（変えます）

(f) 語幹の最後の文字にパッチムがなく、母音が「ㅣ」の場合

→語幹の最後が「子音+ㅕ요」の形になる

例：다니다（通う） → 다녀요（通います）

(g) 語幹の最後の文字にパッチムがなく、母音が「ㅚ」の場合

→語幹の最後が「子音+ㅙ요」の形になる

例：되다（なる） → 돼요（なります）

(h)「～하다」という動詞、形容詞の場合

→「～해요」という形になる

例：운동하다（運動する） → 운동해요（運動します）

(i) その他にも不規則に活用する動詞、形容詞がたくさんある。

例：낫다（治る） → 나아요（治ります）

例：걷다（歩く） → 걸어요（歩きます）

名詞はともかく、動詞、形容詞、存在詞は目がまわりそうなほど分類が複雑です。それでもパッチムの有無や母音の違いが大事そうなのは、なんとなくつかめましたでしょうか。これらをひとつひとつ勉強し、習得していくのが今後の大きな課題なのですが、その道のりは決してやさしいものではないはずです。なので、その困難を大幅に解消するための素晴らしいヒントを、特別に大公開しておきましょう。ずばりこれです。

カンペキな例を最低ひとつ覚える

はい。この本の特徴として大それたことを宣言したときは、反比例して内容が乏しいというのがあります。あまりにも当たり前なヒントで脱力された方も少なくないに違いありません。でも、実は大真面目だったりするんですよね。例えばこんなセリフ聞いたことないですか？

クェンチャナヨ
괜찮아요

日本語では「ケンチャナヨ」と書かれることも多いですよね。大丈夫、ノープロブレムといった意味を表す韓国語で、韓国では「それ本当に大丈夫？」と心配になるほどの状況でも頻繁に使われたりします。

そして、この「괜찮아요」の基本形が「괜찮다」。前ページを見ると、語幹の最後の文字にパッチムがあり、母音が「ㅏ」（「찮」の母音）の場合は（a）に分類されることがわかります。従って「요」のついた形は語幹に「아요」をつけた「괜찮아요」となります。

カンペキな例を最低ひとつ覚えるというのは、この「괜찮다」が「괜찮아요」になるということをしっかりと覚えるということです。そして何か他の単語で悩んだときに「괜찮아요」を思い出しましょう。語幹の最後の文字にパッチムがあって、母音が「ㅏ」のときは、「괜찮아요」と同じだから「아요」がつく。そう頭にインプットし、臨機応変にカンペキな例を引き出していくのが文法習得への近道です。自分なりに覚えやすく「괜찮아요の法則」などと命名してしまうのも、インパクトがあってよい方法だと思います。

最後に（a）から（i）までの具体例を用意してみました。この本はこれでおしまいですが、姉妹本の『ハングルペラペラドリル』では、これらの例を使って本格的に「요」形を学びます。次のステップとしてぜひご活用ください！

(a) 語幹の最後の文字にパッチムがあり、母音が「ㅏ」「ㅑ」「ㅗ」の場合

クェンチャンタ
괜찮다
（大丈夫だ）

→

クェンチャナヨ
괜찮아요
（大丈夫です）

(b) 語幹の最後の文字にパッチムがあり、母音が「ㅏ」「ㅑ」「ㅗ」以外の場合

モクタ 먹다 （食べる）	→	モゴヨ 먹어요 （食べます）

(c) 語幹の最後の文字にパッチムがなく、母音が「ㅏ」「ㅓ」「ㅕ」「ㅐ」「ㅔ」の場合

カダ 가다 （行く）	→	カヨ 가요 （行きます）

(d) 語幹の最後の文字にパッチムがなく、母音が「ㅗ」の場合

オダ 오다 （来る）	→	ワヨ 와요 （来ます）

(e) 語幹の最後の文字にパッチムがなく、母音が「ㅜ」の場合

ッサウダ 싸우다 （戦う）	→	ッサウォヨ 싸워요 （戦います）

(f) 語幹の最後の文字にパッチムがなく、母音が「ㅣ」の場合

ポイダ 보이다 （見える）	→	ポヨヨ 보여요 （見えます）

(g) 語幹の最後の文字にパッチムがなく、母音が「ㅚ」の場合

チャルドゥェダ 잘되다 （うまくいく）	→	チャルドゥェヨ 잘돼요 （うまくいきます）

(h)「～하다」という動詞、形容詞の場合

コンブハダ 공부하다 （勉強する）	→	コンブヘヨ 공부해요 （勉強します）

(i) その他の変則活用

チュプタ 춥다 （寒い）	→	チュウォヨ 추워요 （寒いです）

この本はこれでおしまいですが、韓国語の勉強はこれからも続けてください。
語学の道はのめり込むほど大きな喜びが待っています！

note

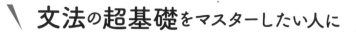

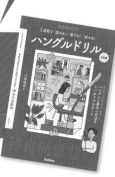

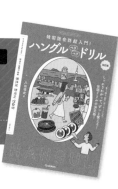

目からウロコのハングルシリーズ

1週間で「読める！」「書ける！」「話せる！」

ハングルドリル

著者

八田靖史（はったやすし）

コリアン・フード・コラムニスト。慶尚北道、および慶尚北道栄州（ヨンジュ）市広報大使。ハングル能力検定協会理事。2001年より雑誌、新聞、WEBで執筆活動を開始。韓国料理の魅力を伝えるとともに、初心者向けの韓国語テキストを多く出版する。本書『目からウロコのハングル練習帳　改訂版』（学研）をはじめとするシリーズは、累計で25万部を突破。近著に『韓国行ったらこれ食べよう！』『韓国かあさんの味とレシピ』（誠文堂新光社）、『あの名シーンを食べる！ 韓国ドラマ食堂』（イースト・プレス）、『韓食留学1999 コリアン・フード・コラムニストのできるまで』（クリエイティブパル）など。韓国料理が生活の一部になった人のためのウェブサイト「韓食生活」（https://www.kansyoku-life.com/）、YouTube「八田靖史の韓食動画」を運営。

編集スタッフ

編集協力	渡辺泰葉、株式会社 HANA、 アイケーブリッジ外語学院、富岡恵
音声録音	ELEC録音スタジオ
ナレーション	李美賢、李忠均、水月優希
ブックデザイン	山﨑綾子（株式会社dig）
イラストレーション	朝野ペコ
DTP制作	株式会社 四国写研

〈旧版の編集スタッフ〉

校閲協力 谷澤恵介、白尚憙、木下順子、欧米アジア語学センター

編集協力 大野雅代：株式会社つくだ企画